# AX 터뷸런스

### AI 대전환기 가짜와 분열 속 질서를 설계하는 TRUST AND SAFETY

전수민 지음

TURBULENCE IN THE ERA
OF AI TRANSFORMATION

박영사

# 추천사

**나근왕, 유튜브 Trust & Safety, 전직 외교관:** AI에 대한 장밋빛 전망과 흥분이 넘쳐나는 오늘, AI가 가져올 미래를 낙관하면서도 그 위험성을 간과하지 않는, 균형잡힌 시각을 갖추게 해 줄 이 책이 너무 반갑다. AI가 일상 깊숙이 스며든 지금, 우리는 전에 없던 새로운 유형의 안전문제를 고민해야 한다. 딥페이크로 만들어진 가짜 영상, AI가 생성한 허위정보, 알고리즘의 편향성까지-이런 문제들 앞에서 우리는 어떻게 대응해야 할까? 아직 한국에는 생소한 Trust and Safety란 개념은 해외 테크 기업들에서는 이미 핵심 영역으로 자리잡은 분야이다. 이들은 사용자의 안전을 지키고, 플랫폼에 대한 신뢰를 구축하며, 기술의 부작용을 최소화하는 역할을 수행한다.

이 책은 AI 시대의 새로운 위협들을 구체적으로 분석하고, 이에 대응하는 실질적인 기술과 전략을 제시한다. 특히 이 분야에서 커리어를 쌓고 싶은 분들에게는 실무적인 인사이트와 구체적인 로드맵을 제공한다. 기술적 전문성과 인문학적 사고, 글로벌 관점과 현실적 해결책을 균형감 있게 다룬 점이 인상적이다. 사이버정책을 전공하고 실리콘밸리 현지에서 같은 분야에서 일하고 있는 나에게도 많은 성찰과 생각거리를 던져준 책이다. 한국의 AI 대전환이 가속화되는 지금, 이 책이 던지는 질문들이 우리 사회에 꼭 필요한 논의의 출발점이 되기를 기대한다.

**김윤호, Monoly, Inc. COO/공동창업자:** 이 책은 글로벌 플랫폼의 현장 경험에 저자의 심층 고민을 더해, AI 시대 유해 콘텐츠의 문제 정의, 현실 진단, 대응 방안, 실천 로드맵을 제시한다. 실리콘밸리와 한국 간 정보격차를 현장감 있는 사례로 메우며, 기업, 로펌, 컨설턴트가 즉시 활용할 수 있는 인사이트와 팁을 제공한다. 특히, 8장의 'TnS 커리어 로드맵'

은 다음 세대를 향한 비전과 애정이 담긴 제안을 전한다. 정책결정자, 기술 전문가, 실무자 모두에게 필독서이자 실천 지침이 될 책이다.

**엔젤린 리(Angeline Lee), 세일즈포스, 프로덕트 정책 담당자**: 우리는 단순한 AI 시대를 넘어, 스스로 판단하고 행동하는 '에이전틱 AI(Agentic AI)' 시대에 들어섰다. 이 시대 AI 안전을 위한 최소한의 장치부터, 현실의 피해를 막기 위한 Trust and Safety의 토대까지, 독자 여러분이 반드시 알아야 할 중요한 통찰이 담겨 있다. 미래를 준비하고 싶다면, 이 책을 꼭 읽기를 권한다.

**염현아, Amazon**: 새로운 기술의 등장은 언제나 혁신과 함께 부작용을 동반한다. 최근 급격히 대중화된 AI는 방대한 정보를 쏟아내며 인간의 통제를 벗어나 우리 사회의 혼란을 키우고 있다. 이 책은 AI의 편리함 뒤 우리가 외면해온 위험을 드러내며, 보이지 않는 곳에서 고군분투하는 Trust and Safety 전문가의 고민을 누구나 쉽게 이해할 수 있도록 풀어낸다. 글로벌 테크 기업 현장의 고민을 생생히 담아 낸 이 책은, 업계 실무자뿐만 아니라 AI 시대를 살아가는 우리 모두에게 새로운 시각을 열어 줄 것이다.

**하진화, 카카오 AI Safety 및 카카오 그룹 기술윤리소위원회**: 현재의 화두는 AI이지만, 어느새 또 다른 기술적 신개념이 등장할 것이다. 이렇듯 기술의 발전은 끝없이 그리고 쏜살같이 날아오는 화살과도 같고, 그 막막한 시야 속에서 우리는 '인간다움'이라는 본질을 꿰뚫어 보려 애쓰고 있다. 인권 중심의 기술 정책이 가져올 수 있는 기술 안전성과 신뢰성을 고민하는 실무자로서, 연대를 느끼고 고민의 시야를 넓힐 수 있는 도서였기에, 널리 알리고 싶은 마음을 전달드린다.

**김민선(Davey Kim), 스탠퍼드 대학교 사회윤리센터 부소장(McCoy Center for Ethics in Society)**: 전수민 전문가는 온라인 위해와 남용에 대한 우려를 가진 이들을 위해, 오늘날의 Trust and Safety 전략과 도구,

그리고 풀기 어려운 윤리적 딜레마까지 폭넓은 독자들이 이해할 수 있도록 쉽게 풀어낸다. 이 책은 이 분야에 첫발을 내딛는 한국의 젊은 전문가들은 물론, 단순한 호기심을 가진 독자에게 큰 통찰을 줄 것이다. 무엇보다도, 우리 삶 곳곳에 스며든 기술에 윤리를 더하고자 하는 지금, 반드시 읽어야 할 시의적절한 책이다.

**조셉 시어링(Joseph Seering), 한국과학기술원(KAIST) 전산학부 조교수:** Trust and Safety 분야를 내부자의 시각에서 이처럼 명료하게 분석한 책은 드물다. 저자는 이 분야의 구조와 복잡성을 체계적으로 짚어내며, 직접 경험담과 연구에 기반한 통찰을 정교하게 엮어냈다. 이 책은 일반 독자에게는 가치 있는 입문서가 되고, 이 길을 준비하는 이들에게는 실질적인 지침서가 될 것이다.

**임규건, 한양대학교 경영대학 학장 및 경영전문대학원 원장:** 이 책은 생성형 AI 시대의 위험과 안전 전략을 가장 시의적절하게 짚어낸 통찰을 담고 있다. 저자 전수민은 실무자와 정책결정자에게 유해 콘텐츠 대응의 실천적 방향을 제시한다. AI 안전은 더 이상 기술자만의 과제가 아니며, 정부, 교육기관, 시민이 함께 나눠야 할 공동의 책임임을 이 책은 분명히 보여준다. 신뢰할 수 있는 사회를 바라는 모든 이에게 반드시 권하고 싶은 책이다.

**서길수, 연세대학교 경영대학 교수:** 대부분의 AI 관련 책들이 기술 활용과 효율에 초점을 맞추는 반면, 이 책은 AI의 그림자와 위험, 그리고 이를 통제할 인간의 책임에 주목한다. AI가 인류에 심각한 위협이 될 수 있다는 우려가 커지고 있는 시대에, 'Trust and Safety'라는 새로운 분야를 통해 AI 시대의 윤리적·사회적 안전망 설계를 제시한다. AI 시대를 살아가는 모두가 반드시 읽어야 할 필독서이다.

**이용석, 노트르담 대학교 부교수(FoLab):** 저자는 실리콘밸리에서 신뢰와 안전 전문가로서의 경험과 글로벌 플랫폼 디스코드에서의 활동을 바탕으로, 한국이 왜 AI 신뢰성과 안전 문제를 진지하게 받아들여야 하는지, 그리고 실리콘밸리의 신뢰·안전 조직이 어떻게 운영되는지를 명확하고 설득력 있게 풀어낸다. 빠른 기술 발전과 경제 성장에도 불구하고 한국은 AI 윤리, 안전, 거버넌스 문제를 상대적으로 소홀히 다뤄왔다. 이 책은 그 공백을 메우며, 특히 청년 세대에게 AI 신뢰성과 안전 분야의 선도자가 될 것을 촉구하고, 다가올 AI 시대에 실질적인 변화를 만들기 위한 실용적 로드맵을 제시한다.

**유미진, 대한민국 외교관, '나랑 밥 먹고 미국 갈래?' 저자**: 이 책은 문과 전공자들에게 특별한 의미를 가진다. 흔히 '문송합니다(문과여서 죄송합니다)'라는 표현이 회자되지만, 저자는 AI 시대에 인문학적 감수성과 인간에 대한 통찰력이 소중한 자산이 될 수 있다는 것을 보여주고 있다. 기술과 사람을 잇는 Trust and Safety는 문과 전공자에게 새로운 도전의 기회를 열어주고 있으며, 앞으로 더욱 주목받는 분야로 성장할 것이다.

이 책은 AI의 발전을 향한 열망과 질주 속에서 우리가 잊고 있던 '안전'이라는 중요한 가치를 되새기게 하며, 이 시대 안전에 대한 책임이 테크 기업뿐 아니라 우리 모두에게 있음을 분명히 일깨워 주고 있다. AI 시대, 기술이 우리를 어디로 데려갈지는 결국 '우리가 어디로 가고자' 하느냐에 달려 있다. AI의 운전대는 결국 사람이 잡아야 한다. 기술의 발전과 함께, 그 방향과 책임 또한 우리 모두가 나눠야 할 것이다.

**양인숙, ㈜스카우트파트너스 커리어 컨설턴트, 前 전자책 출판·IT 플랫폼 창업자, 국책연구원 연구위원**: "기술은 우리 모두의 삶에 크고 작은 변화를 주고 있다. 하지만 그 변화는 모두에게 공평하게 다가오지 않는다"라는 저자의 말처럼, 이 책은 기술이 만들어낸 불균형과 위험에 주목하고, 그에 맞서기 위한 인간의 개입과 협력, 그리고 글로벌 거버넌스의 필요성을 구체적으로 설계해 나간다. 이 책은 AI와 디지털 생태계 속에서 신뢰와 안전을 고민하는 모든 이들에게 매우 시의적절한 길잡이가 되어줄 것이다.

# 머리말: 실리콘밸리, AX 터뷸런스의 진원지에서

※ 본 책에서 언급하는 플랫폼 운영 사례, 정책적 논쟁, 기술의 한계는 업계에서 공통된 고민이며, 특정 기업이나 조직을 비판하거나 대변하지 않는다. 저자가 재직 중인 디스코드(Discord Inc.)의 공식 입장과는 무관하며, 모두 저자의 개인적 견해임을 밝힌다.

## 불평등의 현장에서 시작된 질문

어린 시절 외가 방문차 파라과이에 갔을 때 세상의 불평등을 자연스럽게 체감했다. 창문 너머로 내려다본 풍경은 어디서나 비슷해 보였지만, 문을 열고 그 땅을 직접 밟아보면 삶의 조건은 전혀 달랐다. 어떤 아이는 학교에 가기 위해 먼 길을 걸어야 했고, 어떤 동네는 전기도 물도 제대로 공급되지 않았다. 그때부터 내게는 하나의 질문이 자리 잡았다.

왜 누군가에게는 평범한 일상이 또 다른 이에게는 특별함이 되는가? 그 불평등은 어디서 비롯되는가?

아시아재단에서 몽골로 파견되어 처음 울란바토르에 도착했을 때 가장 먼저 마주한 건 매캐한 공기였다. 겨울이면 도시 전체가 숨 쉬기조차 어려운 공해와 먼지로 덮였고, 창문을 열면 방 안까지 연기가 자욱히 들어왔다. 목이 칼칼하고 눈이 따가운 건 일상이었고, 밖에 잠시만 다녀와도 옷에는 연기의 냄새가 짙게 배어 있었다.

몽골은 1990년, 사회주의 체제에서 민주주의와 자본주의 기반의 도시화를 통해 빠르게 성장했다. 하지만 그 변화의 설계에 모두가 포함된 것은 아니었다. 유목민 출신 이주민들은 울란바토르 외곽에 게르촌[1]을 형성했고, 안정적인 직업도 생계 수단도 없이 지금까지도 극심한 빈곤 속에 살아가고 있다. 영하 50도의 겨울을 버티기 위해 그들은 저질 석탄, 폐타이어, 심지어 쓰레기까지 연료로 사용할 수밖에 없다 [1].

정부는 수차례 원석탄 사용 금지와 대체 연료 보급 정책을 시도했지만, 몽골의 공해 문제는 여전히 나아지지 않고 있다. 게르촌 주민들은 정책 결정 과정에 참여할 기회도, 목소리를 낼 채널도 충분하지 않다. 오늘날 울란바토르는 세계에서 가장 대기오염이 심한 도시 중 하나로 남아 있으며, 그 피해는 게르촌의 아이들, 임산부, 노인에게 가장 먼저, 가장 깊게 닿고 있다.

위해는 불평등하다. 언제나 가장 먼저, 가장 깊게 영향을 받는 이는 사회적으로 가장 취약한 사람들이다. 기술도 다르지 않다. 어떤 기술은 누군가에게는 편리함이지만, 다른 누군가에게는 심각한 피해로 이어질 수 있다. 자원의 배분이나 정책 및 제도의 수립뿐 아니라, AI 기술, 그 역시 불평등을 증폭시키거나 완화할 수 있는 구조물이다. 그리고 그 결과는 누가 설계에 참여했는가 혹은 누구의 목소리가 고려됐는가에 따라 달라진다.

오늘날 기술은 모두의 삶에 크고 작은 변화를 주고 있다. 너무 빠르게 흘러가는 기술의 물결에 몸을 싣기보다는 그 흐름을 설계할 방법은 없을까? 안전한 기술, 더 나아가 공정한 기술이란 무엇일까?

---

1 게르촌: 울란바토르 외곽에 광범위하게 형성된 게르촌은 유목 생활을 하던 사람들이 도시로 이주하면서 만들어진 거주지다. 이곳의 주택은 전통 유목민 가옥인 '게르(ger, 원형 천막)'를 중심으로 구성되어 있으며, 난방은 석탄 화덕에 의존하고, 상하수도나 전기 등의 도시 기반시설은 대부분 부족하다.

### 플랫폼과 권력, 새로운 딜레마

2020년 글로벌 코로나19 팬데믹과 경제 셧다운 속에서 전 세계는 미국 기반의 온라인 플랫폼의 영향력을 실감하게 되었다. 페이스북, 트위터와 같은 플랫폼은 사회적 거리두기로 단절된 오프라인을 대신해 온라인에서 사람들을 이어주는 통로가 되었지만, 동시에 극단주의, 가짜뉴스, 알고리즘 왜곡 현상도 함께 확산되었다. 특히 2020년 미국 대선을 전후로, 플랫폼은 '*진실의 게이트키퍼가 되어야 하는가?*'라는 거대한 질문에 직면했다. 표현의 자유 그리고 플랫폼의 책임 사이에서 균형을 맞추는 일은 생각보다 훨씬 더 복잡했고, 나는 그 속에서 기술 정책의 본질적인 딜레마를 처음으로 실감했다.

이런 사회적 어지러움 가운데, 나는 스탠퍼드 대학교에서 석사 과정을 밟았다. 재학 중에는 온라인 플랫폼에서 급속히 퍼지는 기후변화 관련 악의적 허위정보에 대응하기 위한 콘텐츠 정책과 머신러닝 모델 설계를 기획했다. 이 경험을 통해 기술이 사회 문제 해결에 어떻게 활용될 수 있는지를 배웠지만, 동시에 기술만으로는 근본적인 문제를 해결할 수 없다는 현실을 마주했다. 또 기술의 한계를 간과했을 땐 오히려 문제를 더 키울 수 있다는 사실도 뼈저리게 깨달았다. 그 과정에서, 담당 교수였던 『역사의 종말[2]』의 저자 프랜시스 후쿠야마(Francis Fukuyama)와 『시스템 에러[3]』의 저자 제레미 와인스틴(Jeremy

---

[2] 역사의 종말(The end of history and the last man, 1992): 자유민주주의가 인류의 이념 발전의 최종 형태이며, 이로써 이념 경쟁의 역사는 끝났다고 주장하는 책이다. 후쿠야마가 냉전 종식 직후 발표한 세계적 베스트셀러이다.

[3] 시스템 에러(System error: where big tech went wrong and how we can reboot, 2021): 스탠퍼드 교수 3인이 공저한 책으로, 기술 중심 사고가 어떻게 민주주의를 위협하는지를 분석하고, 우리가 기술을 다시 공공의 이익에 맞게 설계해야 한다고 주장한다.

Weinstein) 교수의 지도를 통해 나는 한 가지 결론에 도달했다. **온라인 유해 콘텐츠 문제는 절대 기술만으로는 해결할 수 없다.**

이후 나는 실리콘밸리와 샌프란시스코 지역의 글로벌 커뮤니케이션 플랫폼 기업 중 하나인 디스코드(Discord Inc.)에 기술 정책 전문가로 합류하게 되었다. 이곳에서 AI와 머신러닝 기술이 실제 글로벌 사용자 경험에 어떤 영향을 미치는지 사전에 분석하고, 그 기술이 악의적으로 사용되어 사용자에게 피해로 이어지지 않도록 안전을 설계하는 일을 맡고 있다. 특히, AI가 생성하거나 추천하는 콘텐츠가 청소년을 포함한 글로벌 사용자에게 미치는 영향을 평가하고, 위험을 줄이기 위한 정책을 수립해 프로덕트 설계에 반영하도록 하는 것이 주요 업무다.

## AX 터뷸런스의 진원지에서

지난 몇 년 사이, 이 지역 실리콘밸리는 그야말로 AI를 중심으로 한 격변의 진원지였다. 2022년, 오픈AI가 챗GPT를 출시하며 AI는 정보와 콘텐츠 생태계를 송두리째 뒤흔들기 시작했다. 이어 2025년 5월, 구글은 Google I/O에서 검색, 이메일, 코딩, 일상 업무 전반에 생성형 AI 기능을 통합하겠다고 선언했다. 지메일(Gmail)과 구글독스(Google Docs)에 완전히 탑재된 AI 에이전트는 사용자의 이메일을 읽고 회신을 작성하며, 브라우저 없이도 정보를 수집하고 정리하는 기능까지 선보였다. 검색의 시대를 열었던 구글은 이제 AI 비서의 시대로 전환을 가속화하고 있다.

**우리는 지금, AX의 시대를 살아가고 있다.** AX는 AI Transformation의 줄임말로, **인공지능(AI) 대전환**이라고도 불린다. 2000년대 초반, 인터넷과 모바일 기술이 일상과 산업 전반을 바꿔놓은 디지털 전환(Digital Transformation, DX)이 있었다면, AX는 AI가 우리의 삶과 사회 구조 깊숙이 스며드는 또 하나의 변곡점이다. AI는 더 이상 특정 기능을 자동화하는 도구에 머물지 않는다. 이제는 우리의 사고방식과 의사결정, 정보의 흐름, 그리고 사회의 규칙까지 바꾸는 주체이자 동력이기도 하다. 더불어 기술의 진화는 단순한 기업 간 경쟁을 넘어 국가 간 기술 패권 경쟁으로 이어지고 있다. 누가 더 빠르고 더 강력한 AI를 만들어 내느냐가 세계의 질서를 좌우하는 시대다.

나는 지금 우리가 거대한 기술 소용돌이, **AX 터뷸런스**[4]의 한복판에 서 있다고 주장한다. 이 터뷸런스는 단지 기술의 속도나 경쟁만을 의미하지 않는다. AI가 일상 깊숙이 침투하면서 사회를 지탱해오던 기존의 기준들이 근본부터 흔들리는 그 명백한 혼돈의 시대를 뜻한다.

AI로 생성된 콘텐츠가 진실과 허위를 교란하고, 사회적 분열을 조장하는 새로운 국면을 열었다. 정보는 넘쳐나지만, 신뢰는 급속히 무너지고 있다. 동시에 우리는 점점 더 'AI가 제시하는 편리한 답'에 의존하는 사회로 나아가고 있다. 업무에서도, 학업에서도. 심지어 친구나 가족 관계에 대한 조언까지도 AI가 개입하고 있다. 더 나아가, 최근에는 AI 기반 동료 평가(peer review) 시스템의 허점을 악용한 사례도 등장했다. 한 작성자는 논문 속에 '숨은 지령'을 삽입해, AI 리뷰어가 이를 인식해 논문을 호의적으로 평가하도록 유도한 것이다.

이 기술은 얼마나 안전한가? 이 기술은 우리의 생각과 신념, 공동체와 사회에 어떤 영향을 미치고 있는가? 그리고 우리는 이 기술에 의지하기 전에, 이러한 질문들을 충분히 던지고 있는가?

나는 이 책에서 기술 그 자체의 진보보다도, 그 기술이 누구의 손에 쥐여 있는지, 그리고 이 시대에서 누가 이 기술의 안전을 설계할 것인

---

4  터뷸런스(Turbulence): 터뷸런스는 항공기 비행 중 발생하는 심한 난기류를 뜻하며, 비유적으로는 예측 불가능하고 혼란스러운 상황을 의미한다. 이 책에서는 AI 시대에 우리가 겪어 나가는 혼란의 시대와 상황을 가리키는 은유로 사용한다.

지에 대한 질문에 집중하고자 한다. 기술이 앞서갈수록, 그 기술이 사회에 미치는 영향은 더 커지고, 더 복잡해진다. 그래서 이 속도에 발맞춰 신뢰와 안전의 기준을 세우는 집단, Trust and Safety(TnS) 전문가들의 역할은 그 어느 때보다 중요해지고 있다.

나는 이 책을 통해, 보이지 않는 자리에서 매일 새로운 위험과 씨름하며 안전망을 설계해 온 이들의 이야기를 소개하고자 한다. 독자는 그들의 고민과 선택을 따라가며, 기술의 미래가 단지 **개발자의 책상 위**에서만 만들어지는 것이 아니라, 온라인상 안전을 지키려는 **실무자의 현장**에서도 함께 빚어지고 있음을 체감할 수 있을 것이며, 더 나아가 자신이 어떻게 그 설계에 참여할 수 있는지 알게 될 것이다.

## 이 책의 구성

이 책은 총 4부로 나뉘어졌고 9개의 장으로 구성되어 있다. AX 시대에 AI가 어떻게 위험을 만들고, 누가 그 위험에 맞서고 있는지를 소개하며, 우리가 AI 안전의 설계에 주체적으로 참여할 수 있는 방안을 제시한다.

1부는, 대혼돈의 터뷸런스에 빠진 콘텐츠 생태계에 대해 말한다. AX 시대에서 디지털 콘텐츠는 이제 그 어느 때보다 더 빠르게 많이 생성되고, 더 정교하며, 더 개인에게 맞춤화되어 있다. 그리고 누군가에겐 그저 도움이 되는 기술이지만, 누군가에겐 감정과 믿음을 조작하고 악의를 행하는 무기로 사용되기도 한다. 기술의 진보가 어떻게 오프라인 사회의 불평등을 확대하고, 위해를 심화시키는지 구체적인 사례와 함께 살펴본다.

2부는, 이런 혼돈의 시대에 온라인 질서를 세우고, 보이지 않는 곳에서 디지털 위해에 맞서는 사람들, 즉 TnS 전문가들의 세계를 실무자의 관점에서 본격적으로 조명한다. 왜 플랫폼은 유해 콘텐츠를 쉽게 지우지 못하는가? 사용자의 권리와 표현의 자유는 어디까지이며, 누구의 기준으로 판단하는가? TnS는 왜 오늘날 실리콘밸리와 샌프란시스코의 빅테크 기업에 필수적인 조직인가? 이 장에서는 기업 내부의 복잡한 의사결정 구조와 기술적 한계, 정책과 윤리의 경계에서 벌어지는 긴장을 더해, 온라인 안전의 실상을 파헤친다.

3부는, AX 시대 속 TnS가 AI기술을 어떻게 활용해 온라인상 위험을 감지하고 유해 콘텐츠에 대응하는지 살펴본다. 전통적인 방법부터 생성형 AI라는 고차원 기술이 존재하는 오늘도 AI와 사람은 한 팀으로 일한다. 모든 판단을 AI에 맡길 수는 없기 때문이다. 결국 온라인 위해 콘텐츠 문제에는 인간의 개입이 필수적이며 인간과 AI의 협력이야말로 진정한 안전 설계의 핵심임을 이야기한다.

4부는, AI와 기술의 안전한 발전에 모두의 참여를 위한 실천 안내서다. 이 분야에서 커리어를 시작하고 싶은 사람, 창업을 고민하는 사람, 혹은 기술과 사회 문제를 연결해보고 싶은 사람이라면 어디서부터 시작해야 하는지에 대한 구체적인 커리어 로드맵을 제안한다. 지금 우린 기술 기업만 탓하고 있기엔 시간이 없다. 그리고 법과 규제만으로는 이 문제를 해결할 수 없다. 안전한 기술 생태계가 만들어지려면 우리 모두가 함께 설계에 참여해야 한다는 사실을 강조한다.

## 우리는 어디에 있는가

기술은 이미 국경을 넘어 우리 모두의 삶을 바꾸고 있다. 하지만 기술이 가져오는 변화는 모두에게 공평하게 다가오지 않는다. 기술의 악영향은 여전히 가장 취약한 사람들에게 먼저 집중되고, 가장 큰 목소리를 가진 자들이 방향을 정한다. 오늘날 기술은 우리에게 어떤 모습으로 위해를 낳고, 불평등을 만들어가는가? 지금 그 기술의 설계에는 누가 참여하고 있는가?

우리는 더 이상 기술을 수동적으로 받아들이는 소비자에 머물러선 안 된다. AI가 만들어 내는 유해 콘텐츠와 그 확산 구조를 이해한다면 더욱 적극적으로 참여할 수밖에 없을 것이다.

이 책이 기술발전의 흐름을 주도적으로 설계할 당신의 여정에 첫 장을 열어주길 바란다.

# 차례

## 01 콘텐츠 생태계, 대혼돈의 터뷸런스 속으로

### 제1장 · 생성형 AI, 콘텐츠 세계의 격변의 문을 열다  18
1. 생성형 AI, 더 똑똑한 뇌의 등장  19
2. 콘텐츠 생태계  23
3. 양 x 질 x 개인 맞춤화: 이 삼합이 만든 새로운 세상  28

### 제2장 · 가짜 뉴스는 시작일 뿐, 더 악랄한 악의를 구현하는 기술  30
1. 탈중앙화된 권력의 시대  30
2. 생성형 AI, 악인을 위한 완벽한 무기  31
3. 누구의 손에 들린 도구인가  37

**자가 테스트** 나는 지금 AI 콘텐츠 생태계 어디쯤에 있는가?  39

## 02 혼돈 속 질서를 설계하는 Trust and Safety 전문가들

### 제3장 · 플랫폼의 진짜 속사정, 유해 콘텐츠와의 전쟁  44
1. 온라인 플랫폼의 작동 방식  45
2. 인터넷의 그림자: 유해 콘텐츠  49
3. 유해 콘텐츠 관리가 어려운 진짜 이유  52
4. 기업의 우선 순위  61

### 제4장 · 당신이 몰랐던 스크린 너머의 세계, Trust and Safety  63
1. 일상에서 보이지 않는 Trust and Safety  64
2. Trust and Safety 조직이란?  66
3. TnS는 팀이 아니라 사명이다  79

**실무자 인터뷰** 극단주의 조직의 위협에 맞서는 TnS 전문가 이야기  80

## 03 AX 시대의 안전 설계: AI와 인간의 콜라보

### 제5장 • AI vs. AI: 유해 콘텐츠에 맞서는 기술들　　88
　　1. AI가 TnS에 필연이 된 이유　　88
　　2. 키워드 필터에서 생성형 AI까지, TnS 기술의 발전과 AI 적용　　92
　　3. 하지만 안전을 완성하는 것은 결국 사람이다　　99

### 제6장 • AI의 한계, 그리고 인간이 개입해야 하는 순간　　101
　　1. 기술의 한계　　102
　　2. TnS에 적용된 생성형 AI의 한계는?　　105
　　3. 사람만이 할 수 있는 일　　111
　　4. 사용자도 Human-in-the-loop이다　　114
　　5. 터뷸런스를 헤쳐가는 법: 신뢰와 정당성　　116

　　**자가 테스트**　내 디지털 일상 속 Trust and Safety는 어디에 있었을까?　　117

## 04 더 안전한 디지털 세상, 이제는 우리가 설계할 차례

### 제7장 • 새로운 기회: Trust and Safety 커리어 로드맵　　120
　　1. AI 시대, 지금 뛰어들어도 늦지 않았다　　120
　　2. 진입 경로는 다양하다: 기업, 학문, 창업 등　　121
　　3. 어디서 시작할 것인가?　　129
　　4. 디지털 안전의 핵심, TnS　　135

　　**실천 체크리스트**　오늘, 이 자리에서 시작하는 Trust and Safety　　136

### 제8장 • 혼자 싸워 이길 순 없다: 공통의 적에 맞서는 글로벌 연대　　139
　　1. TnS 기술은 나눌수록 강해진다　　139
　　2. 플랫폼 간 협력과 성과　　141
　　3. 아직 해결되지 않은 과제　　145
　　4. 오픈소스는 답인가? 책임의 딜레마　　148

### 제9장 · AI 공존의 시대: 안전의 주권, 이제는 우리의 선택    150

  1. TnS: 오늘의 현실 vs. 우리가 나아가야 할 미래    150

  2. 기업 내 TnS의 위치    152

  3. 정부는 규제자 역할을 넘어, 기술과 사회를 연결하는 파트너로    155

  4. 교육기관 그리고 사용자의 역할    159

  5. 당신의 선택은?    161

# 1부

**1장**
생성형 AI, 콘텐츠 세계의 격변의 문을 열다

**2장**
가짜 뉴스는 시작일 뿐, 더 악랄한 악의를 구현하는 기술

# 콘텐츠 생태계, 대혼돈의 터뷸런스 속으로

**1장**

# 생성형 AI, 콘텐츠 세계의 격변의 문을 열다

> "
> 생성형 AI는 콘텐츠의 양, 질, 그리고 개인 맞춤화의
> 폭발적인 변화를 일으키며 콘텐츠 시장의 판도를 바꿔놓았다.
> "

### 들어가는 글

AI가 우리 삶 모든 부분에 스며든 AX 시대[5]. 오늘 디지털 콘텐츠 생태계의 지형은 실시간으로 새로 그려지고 있다. 그리고 이 전환을 가능하게 만든 핵심 인프라는 바로 온라인 플랫폼이다. 유튜브, 인스타그램, 틱톡, 그리고 챗GPT와 같은 플랫폼 서비스는 지금 이 시간에도 전 세계 수십억 명의 사용자에게 AI와 사람이 만든 콘텐츠를 서로에게 연결하고 맞춤 소비 경험을 설계한다.

이 발전의 흐름을 선도하고 있는 중심지는 단연 실리콘밸리와 샌프란시스코 지역이다. 2024년 말 기준, 이 지역은 미국 전체 벤처 투자금의 약 34%를 유치했고, 생성형 AI 분야에서는 전년 대비 220% 증가한 41억 달러의 투자가 몰렸다 [2]. 오픈AI(OpenAI), 앤스로픽(Anthropic), 메타(Meta), 구글(Google),

---

[5] AX 시대: AX는 'AI Transformation'의 약어로, AI가 일상생활과 산업 전반에 깊숙이 스며드는 전환기를 뜻한다. 디지털 전환(DX: Digital Transformation)이 인터넷과 모바일 기술을 중심으로 사회 전반의 구조를 변화시켰다면, AX는 AI가 정보 흐름, 의사결정, 노동, 창작, 사회적 구조까지 재편하는 전환을 의미한다. 단순한 기술 발전이 아닌 사회 시스템 전체의 재구성이라는 점에서 'AI 대전환기'로도 불린다.

엔비디아(NVIDIA) 등 AI 생태계를 구성하는 핵심 기업들은 모두 이곳에 모여 있다.

실리콘밸리의 상장 기업 총 시가총액은 14.3조 달러에 이르며, 노동 생산성은 미국 평균보다 65%나 높다. 1인당 명목소득은 15만 3천 달러로 미국 내 최고 수준이다 [3]. 팬데믹 시기 잠시 주춤했던 인재 유입도 다시 활기를 되찾았고, 전 세계의 엔지니어와 창업가들이 이 생태계로 끊임없이 몰려들고 있다. 생성형 AI는 이 곳 기술 생태계에 다시 한 번 가속도를 더한다. 그 중심에는 전례 없던 스케일로 확장된 콘텐츠 시장, 그리고 이 시장을 실질적으로 떠받치고 있는 온라인 플랫폼이 있다.

## 1 생성형 AI, 더 똑똑한 뇌의 등장

최근 뜨거운 화제가 되고 있는 **생성형 AI**란 과연 무엇일까?

거대한 도서관 한가운데, 그곳의 모든 책은 물론이고 수많은 영상, 녹음 파일, 뉴스 클립까지 이미 다 읽고 듣고 본 사람이 조용히 앉아 있다. 그 앞에는 작은 팻말 하나가 세워져 있다.

"월 20달러, 무엇이든 물어보세요."

당신이 관심 있을 만한 책 제목만 추천해 주는 사람이 아니다. 수많은 책의 내용을 종합해, 묻는 질문에 딱 맞는 정보를 정리해 준다. 마치 오랫동안 알아온 사람처럼 말투나 취향까지 반영해 응답하고, 때로는 설명을 도표로 바꿔 주거나 당신이 놓친 맥락까지 짚어 준다. 외롭거나 위로가 필요한 순간에는 따뜻하고 진심어린 말로 다가오기도 한다. 그는 원하는 것을 텍스트로 요약해 줄 수도 있고, 이미지로 그려 보여 줄 수도 있으며, 마치 내레이션처럼 목소리로 들려 주거나 짧은 영상으로 재구성해 보여 주기도 한다. 말 그대로 정보의 형식을 가리지 않는다. 당신이 원하는 방식으로, 당신이 원하는 콘텐츠를 만들어 주는 존재, 그가 바로 생성형 AI다.

오늘 AI는 24시간 대기 중인 조언자이자, 대화 상대이자, 콘텐츠 제작자이자, 개인 맞춤형 도우미다. 그리고 이 존재는 점점 더 우리 삶의 깊숙한 곳까지 스며들고 있다.

생성형 AI라는 개념을 정확히 이해하기 위해, 먼저 AI가 무엇인지 살펴보자.

우선 Artificial Intelligence, 줄여서 AI는 말 그대로 인공적으로 만든 지능이다. 인간이 가진 사고력과 학습 능력, 문제 해결력, 창의력, 심지어 자율성까지도 기계가 흉내낼 수 있도록 설계된 기술을 말한다. 이 용어는 1956년 미국 다트머스 회의에서 처음 제안되었고 [4], 이후 수십 년에 걸쳐 이론적 연구와 실험적 기술 개발을 거쳐왔다. 그 결과 AI는 오늘 우리가 알고 있는 머신러닝, 딥러닝, 자연어 처리, 생성형 AI 같은 다양한 모습으로 진화해 왔다 [5].

우리가 최근 자주 접하는 **생성형 AI**란, 인공적인 지능이 인간이 알아들을 수 있는 방식으로 무언가를 직접 생성해 내는 기술을 통칭한다. 오늘날의 생성형 AI가 주력해 다루는 상품으로는 텍스트, 이미지, 음성, 영상, 코드 등이 있다.

2022년 11월 30일, 오픈AI CEO 샘 알트먼(Sam Altman)은 트위터 (현 X)에 한 줄의 글을 게시했다.

> "ChatGPT is live."

이 한 줄의 트윗 이후, 생성형 AI라는 존재는 우리의 삶에 더 가까이 다가왔고, 기술 발전과 자본 흐름의 중심이 되었다. 전 세계 수천만

명은 생성형 AI를 정보 검색, 글쓰기, 코딩, 일상적 대화 등 다양한 목적으로 활용하고 있다. AI는 더 이상 일부 전문가들만의 복잡한 도구가 아니라, 누구나 사용할 수 있는 보편적 기술로 자리 잡았다.

오픈AI의 대표 서비스인 챗GPT(ChatGPT)는 출시 두 달 만에 사용자 수 1억 명을 돌파했고 [6], 2025년 3월 기준 주간 사용자는 약 5억 명이라고 보고된 바 있다. 채 3년이 지나지 않은 지금, 오픈AI는 전 세계에서 가장 영향력 있는 AI 기업 중 하나로 떠올랐다. 2025년 4월 기준, 그 기업가치는 최대 3,000억 달러로 평가되며, 일본의 소프트뱅크로부터 400억 달러라는 스타트업 역대 최대 규모의 투자를 유치하기도 했다 [7]. 오픈AI는 상장도 하지 않았음에도 그 기업가치가 일부 글로벌 대기업에 근접하는 수준으로 성장했다.

오픈AI 외에 다른 기업도 생성형 AI 서비스를 출시했다. 앤스로픽의 클로드(Claude), 구글의 제미나이(Gemini), 메타의 라마(LLama) 등 각기 다른 장단과 특징을 가진 다양한 AI가 앞뒤를 다투며 경쟁적으로 등장하고 있다. 이들의 중심에는 기반모델(foundation model), 즉 마치 사람의 '뇌'와 같은 것이 존재한다. 사람으로 치면 사고하는 능력 그 자체라고 생각하면 된다. 그 뇌는 엄청난 성능을 갖고 수많은 데이터를 읽고, 학습하고, 그 안에서 패턴을 찾아내 사람이 이해할 수 있는 무언가를 수행하도록 설계된다.

그중에서도 글, 대화, 설명과 같은 인간의 언어를 기반으로 훈련된 모델을 대형 언어 모델(Large Language Model, LLM)이라고 부른다. 처음 LLM이 출시되었을 때에는 주로 텍스트 기반의 결과물을 선보였지만 최근에는 이보다 더 똑똑한 모델이 등장하고 있다. 대형 언어 모델의 능력을 갖고 있지만 이미지, 소리, 영상까지 모두 이해하고 결과물로도 출력할 수 있는 모델이다. 최근 많이 볼 수 있는 모델은 여러 가지 모달리티, 즉 정보가 존재하거나 표현되는 여러 가지 방식이나 형태를 다룰 수 있다. 그들을 대형 멀티모달 모델이라고 한다(Large Multi-modal Model, LMM)이라고 한다.

비유하자면 LLM은 사람과 같은 입을 가진 뇌, LMM은 입과 눈, 귀까지 가진 뇌라고 할 수 있다. 점점 더 많은 AI가 사람처럼 여러 감각을 동시에 활용해 이해하고 소통하는 방향으로 진화하고 있다. 이렇게 만들어진 강력한 고성능 AI가 사람과 상호작용할 수 있는 형태로 포장되면, 우리가 사용하는 챗GPT와 같은 AI 서비스가 되는 것이다. 간단히 말해 챗GPT는 AI가 사람과 자연스럽게 대화하며 소통할 수 있도록 구현된 온라인 플랫폼인 셈이다.

AI는 더 이상 소수의 기업이나 전문가의 전유물이 아니다. 현재 수많은 기업이 여러 기반모델을 자신의 목적에 맞게 커스터마이징해 다양한 서비스를 출시한다. 고객센터 자동화, 법률 문서 요약, 의료 상담, 자동 프레젠테이션 제작, 팟캐스트 원고 생성 등 활용 분야는 계속 확장되고 있다 [8]. AI는 특정 산업에 국한되지 않고, 일상적인 업무와 의사결정, 창작, 학습, 커뮤니케이션 전반에 걸쳐 빠르게 스며들고 있다. 이제 전 세계의 학생, 창작자, 기업가, 정치인, 심지어 악의적 행위자들까지도 AI를 자유롭게 활용한다. 그리고 그 도구는 이전과는 비교할 수 없는 성능을 자랑하며 매일 빠른 속도로 업그레이드되고 있다.

이처럼 AI가 모든 영역에 구조적으로 융합되는 현상을 AI 대전환(AX, 혹은 AI Transformation)이라 부른다. 디지털 전환(DX, 혹은 Digital Transformation)이 인터넷과 모바일 기술을 통해 사회의 작동 방식을 바꿨다면, AX는 AI를 통해 인간의 사고방식과 업무 구조, 창작 환경, 심지어 사회 규범까지 재편하는 전환점이다. AI는 더 이상 하나의 기술이 아니라, 새로운 사회 질서를 구성하는 인프라가 되어가고 있다. 생성형 AI가 이끌어 낸 기술의 변환점은 콘텐츠 시장에서 가장 빠르고 깊게 체감되었다. AI는 콘텐츠의 생산 방식뿐 아니라 유통, 소비, 해석의 방식까지 근본적으로 바꾸어 놓았기 때문이다. 오늘의 콘텐츠 생태계 전 과정에는 AI가 깊숙이 개입하고 있다고 해도 과언이 아니다.

## 2 콘텐츠 생태계

콘텐츠는 결코 새로운 개념이 아니다. 인간은 아주 오래전부터 자신이 본 것, 느낀 것, 생각한 것을 다양한 방식으로 표현해 왔다. 구석기 시대의 동굴 벽화에서부터 고대 그리스의 연극, 중세 유럽의 서사시, 조선 시대의 실학서, 오늘날의 브이로그에 이르기까지. 그 모양은 달라졌지만, 콘텐츠는 항상 인간 삶의 일부였다.

사전적으로 콘텐츠는 '정보나 메시지를 담고 있는 매체나 형식'을 뜻하며, 글, 영상, 이미지, 소리 등 형태를 가리지 않는다. 이를 좀 더 확장해 보면, 콘텐츠란 단순한 데이터가 아니라 누군가가 소비하고 해석할 수 있도록 구조화된 의미 있는 정보라고 할 수 있다.

따라서, 콘텐츠는 그저 읽고 보는 대상이 아니다. 콘텐츠는 대화의 주제가 중심이 되기도 한다. 어제 본 콘텐츠를 중심으로 서로 다른 의견을 나누기도 하지만, 비슷한 사람과의 커뮤니티를 형성하는 계기가 될 때도 있다. 동시에 개인의 감정과 욕구를 충족시키는 기능적 자산으로 작용한다. 누군가에겐 위로가 되기도 하고, 또 다른 누군가에겐 하루를 사는 데 자극이 되며, 때로는 신념을 표현하는 수단이 되기도 한다. 오늘날의 콘텐츠는 온라인 플랫폼 수익을 좌우하는 핵심 자산으로서의 디지털 화폐의 역할까지 수행한다.

초기 인터넷 대중화는 콘텐츠의 무대를 오프라인에서 온라인으로 옮겨 놓았다. 2005년 이후 유튜브의 출현은 영상 중심 콘텐츠의 시대를 열었고, 스마트폰과 SNS의 확산은 누구나 콘텐츠를 만들고 퍼뜨리는 시대를 가능케 했다. 그 결과, 콘텐츠 시장은 두 가지 거대한 흐름, 즉 생산의 탈중앙화[6]와 콘텐츠 유통의 플랫폼화[7]를 통해 이미 한 차례 대대적인 변화를 겪었다. 그리고 오늘날 AI는 바로 그 토대를 결정적으로 가속화하고 심화시켰다.

### AI의 발전에 따른 콘텐츠의 핵심적 변화

그렇다면 생성형 AI는 콘텐츠 시장과 온라인 플랫폼에 어떤 본질적인 변화를 가져왔을까? 이 질문은 세 축에서 설명할 수 있다: 양적 폭증, 질적 정교화, 그리고 개인 맞춤의 고도화이다.

#### ① 양적 폭증

생성형 AI는 짧은 명령어 하나, 그리고 거의 0원에 가까운 비용만으로도 단시간 내에 수십 개의 결과물을 만들어 내는 시대를 열었다. 과거에는 영상 하나, 기사 하나를 제작하기 위해 많은 시간과 인력, 자본이 필요했다. 이런 현실을 떠올려 보면, 지금 우리가 AI를 통해 마주한 변화는 콘텐츠 생산의 탈중앙화를 극적으로 보여주는 사례라 할 수 있다. 오픈AI는 2024년 기준, 챗GPT를 통해 하루 수천억 단어의 텍스트가 생성되고 있다고 밝혔다. 정확히 AI로 생성된 콘텐츠의 비율을 알 수 없으나, 유튜브에는 2025년 4월을 기준으로 매일 2천만 건의 영상이 게시되고 있다고 한다 [9]. 유튜브에서 공개한 통계치는 콘텐츠의 기하급수적으로 늘어난 양을 일면적으로 보여주지만, 여러 다른 플랫

---

6 생산의 탈 중앙화: 언론사나 방송국 같은 전통 미디어 중심에서 벗어나, 누구나 낮은 자본으로 콘텐츠를 생산하는 것

7 콘텐츠 유통의 플랫폼화: 개인 블로그나 웹사이트에 머무르지 않고, 인스타그램, 페이스북, X, 링크드인 등 글로벌 온라인 플랫폼을 통해 전 세계적으로 유통되는 것

폼에서도 AI로 생성해 낸 미디어 콘텐츠의 비중이 눈에 띄게 커지고 있는 것이 현실이다. 콘텐츠의 양이 폭발적으로 늘어났다는 것은, 그 자체로 시장의 질서를 크게 흔드는 변화다.

### ② 질적 정교화

양적인 팽창과 함께, AI는 콘텐츠의 질적 정교함도 한층 끌어올렸다. 특히 생성형 AI가 만들어 내는 결과물은 놀라울 정도로 그럴듯하다. 진짜처럼 보이는 수준을 넘어서, 실제 제작자가 사용하는 도구를 대체하거나 보완할 수 있을 만큼 창의적이고 실용적인 수준에 도달한 것이다. 이러한 기술은 영상, 음악, 마케팅 등 여러 분야에서 콘텐츠의 품질을 획기적으로 개선하는 데 사용되고 있다. 2025년 1분기 실적 발표에서 넷플릭스 공동 CEO 테드 사란도스(Ted Sarandos)는 "비용을 50% 줄이는 것보다, 영화를 10% 더 좋게 만드는 것이 더 큰 기회다"라고 하며, 자사가 AI를 활용해 영화 제작 과정의 효율을 극대화하고 있다고 발표했다 [10]. 이는 전문 미디어 제작사에서도 AI가 단순히 비용을 절감하는 수단이 아니라 콘텐츠의 완성도 자체를 높이는 기술로서 인식되고 있다는 점을 잘 보여준다.

그러나 이러한 정교함은 동시에 새로운 문제들도 낳고 있다. AI가 생성한 콘텐츠가 너무 사실적인 탓에, 진짜와 가짜를 구분하기 점점 어려워지고 있는 것이다. 완전히 모든 것이 허구인 영상도 있지만, 실제 인물의 얼굴과 목소리를 정교하게 조작한 딥페이크[8] 콘텐츠는 이제 전문가나 수사기관조차 진위를 구분하기 어려울 정도로 정밀해졌다. 이렇게 고도화된 조작 기술은 단순한 장난을 넘어서, 범죄에 악용되는 사

---

8 딥페이크(Deep Fake): 딥러닝 기술을 활용해 사람의 얼굴, 음성, 행동을 정교하게 합성하는 기술로, 실제처럼 보이는 가짜 영상이나 오디오를 만들어 내는 기술을 말한다.

례가 국제적으로 빠르게 증가하고 있다.

더욱 우려되는 점은, 디지털 리터러시[9]가 낮은 아동·청소년, 고령자들에게 이런 콘텐츠가 훨씬 더 큰 위협이 된다는 사실이다. 많은 사람들은 '이 콘텐츠가 믿을 만한가?'라는 의심조차 하기도 전에, AI가 생성한 정보나 영상을 그대로 사실로 받아들이는 경우가 많다.

AI 콘텐츠를 둘러싼 논쟁은 여전히 계속되고 있지만, 여러 AI 활용자가 공감하는 흐름이 하나 있다. 바로 콘텐츠의 출처보다 그 콘텐츠의 내용 그 자체가 더 중요해지고 있다는 점이다. AI가 만든 결과물일지라도 정보의 질이 높고 유익하다면 그것이 특별히 문제 될 이유는 없다는 인식이 확산되고 있다. 구글과 같은 경우, AI가 생성한 콘텐츠라고 해서 무조건 품질이 낮다고 판단하거나 검색 순위를 떨어뜨리지 않겠다는 방침을 발표했다 [11]. 콘텐츠의 가치를 평가하는 기준이 '누가 만들었는가'가 아니라, '얼마나 완성도 있고 유용한가'로 이동하고 있음을 보여주는 대표적인 사례다. 하지만 콘텐츠의 질이 좋아졌다고 해서 모든 정보가 믿을 만할 것이란 착각은 더 큰 위험을 낳을 수 있다.

### ③ 개인 맞춤 서비스의 고도화

콘텐츠 시장에서 AI가 가져온 세 번째 변화이자 가장 결정적인 변화는 바로 개인 맞춤화의 고도화, 즉 더 똑똑해진 개인 맞춤 서비스다. 처음 소개팅을 할 때 대화로 관심사를 나누는 것보다 서로의 유튜브 화면에 뜨는 추천 영상을 보면 상대방의 관심사를 더 잘 알 수 있다는 말까지 나온다. 그만큼 콘텐츠는 각 사용자에게 최적화되어 정밀하게 전달된다. AI는 사용자의 관심사, 클릭 패턴, 시청 기록, 구매 내역 등의 방대한 데이터를 분석해 사용자가 찾기도 전에 먼저 콘텐츠가 사용자

---

9 디지털 리터러시(Digital literacy)란 디지털 기술을 활용해 정보를 비판적으로 이해하고, 생성하고, 책임 있게 소통할 수 있는 복합적 역량을 말한다.

를 찾아간다. 이러한 변화는 양과 질의 문제를 넘어서, 콘텐츠를 개인화된 영향력이라는 새로운 차원으로 끌어올리고 있다. 개인 맞춤화의 발전은 사용자의 시간 효율성을 극대화하고, 콘텐츠 소비에서 어떠한 진입 장벽이나 불편함을 최소화하는 데 핵심적인 역할을 한다.

여기에 LLM과 같은 최신 AI 모델이 적용되면서, 개인 맞춤 추천은 훨씬 더 정교해지고 있다. LLM은 사람의 말 속에 담긴 뉘앙스와 상황까지 이해할 수 있어, 훨씬 더 자연스럽고 세심한 결과를 만들어 낸다. 예를 들어 "아이와 함께 볼 만한 한국 애니메이션 추천해줘"라고 물었을 때, 단순히 '애니메이션'이라는 키워드에만 반응하는 것이 아니라, '아이와 함께 본다', '한국 콘텐츠'라는 조건을 모두 고려해 개인에게 딱 맞는 결과를 골라낼 수 있다.

생성형 AI 서비스와 같은 경우 챗봇의 말투뿐 아니라 어떤 '역할'로 대답을 원하는지 사용자가 직접 선택할 수 있고, 자신의 배경이나 성격에 대한 정보를 입력해 더 정교한 개인 맞춤형 응답을 받는 것도 가능하다. 덕분에 대다수 사용자 입장에서도 만족도 높은 경험을 할 수 있게 되었다.

하지만 이렇게 개인 맞춤형 콘텐츠가 정교해질수록 한편으로는 각 사용자가 보고 싶어 하는 정보만 계속 보게 되면서, 자신만의 생각이나 신념만 강화되는 '확증 편향' 속에 갇힐 수도 있다. 한 번 어떤 주제나 관점의 콘텐츠를 보기 시작하면 그와 비슷한 내용만 계속해서 추천 받게 되고, 어느새 생각의 폭이 점점 좁아지는 구조가 만들어지는 것이다. 이른바 토끼굴 현상[10]이라고 불리는 이 문제는, 추천 알고리즘이 가진 대표적인 위험 중 하나다.

추천 알고리즘을 둘러싼 논쟁은 지금도 계속되고 있다. 뉴욕타임즈

---

10 토끼굴 현상(Rabbit Hole Effect): 원래 이상한 나라의 앨리스에서 유래한 비유적 표현으로, 처음엔 가볍게 시작한 정보 탐색이나 관심이 점점 깊고 극단적인 방향으로 빠져드는 현상을 말한다.

(The New York Times)나 미국 IT 매체 더 버지(The Verge)와 같은 주요 언론은 유튜브 알고리즘이 극단적인 정치 성향의 콘텐츠를 추천하는 경향이 있다고 여러 차례 보도해 왔다. 이처럼 문제를 강하게 제기하는 입장도 있지만, 보다 중립적인 분석을 내놓은 연구들도 존재한다. 예를 들어, 뉴욕대학교 산하 소셜미디어와 정치 연구 센터(Center for Social Media and Politics)의 연구에 따르면, 유튜브 알고리즘이 사용자를 극단적 정치 성향으로 이끈다는 직접적인 증거는 찾지 못했다고 한다. 그러나 시간이 지날수록 점점 더 좁은 이념적 스펙트럼 안의 콘텐츠로 사용자를 유도하는 경향이 있다는 점은 확인되었다 [12]. 방향을 막론하고 이들 연구가 공통적으로 지적하는 것은 하나다. 추천 알고리즘은 사용자가 선호할 만한 콘텐츠를 반복적으로 노출함으로써, 특정 시각만 강화되는 구조적 위험을 내포하고 있다는 것이다.

확증 편향의 문제는 꼭 정치 분야에만 국한되지 않는다. 건강, 인종, 이민, 과학, 기후 같은 거의 모든 주제에서 사용자가 편향된 정보만 반복해서 접하게 되면, 사회적인 오해나 차별은 물론이고, 더 나아가 극단적인 행동으로까지 이어질 수 있다. 다시 말해, 고도화된 AI 기술은 우리에게 '딱 맞는 콘텐츠'를 빠르고 편리하게 보여주는 한편, 사회 전체의 균형이나 연결감을 무너뜨릴 수 있는 힘도 함께 갖게 된 셈이다.

## 3  양 x 질 x 개인 맞춤화: 이 삼합이 만든 새로운 세상

AI와 콘텐츠, 그리고 온라인 플랫폼. 이들은 불과 몇 년 사이에 양, 질 그리고 개인 맞춤화 세 축에서 폭발적인 스케일의 확장을 이끌어 냈다. 이 삼합의 완벽한 조화로 지금까지 없던 강력한 엔진이 만들어졌고, 이를 연료 삼아 실리콘밸리와 샌프란시스코의 빅테크 기업들은 그 어느 때보다 빠른 속도로 성장하고 있다.

그러나 이 삼합은 축복인 동시에 위협이다. 그들이 만들어 낸 이 엔진은 놀라운 진보를 이끌었으나 동시에 우리 사회와 공동체에 너무도 쉽게 위협으로 돌변할 수 있는 잠재력도 함께 품고 있다. 사람들이 AI를 통해 경험하는 것은 단지 더 많은 양질의 개인화된 콘텐츠만이 아니다. 그 속에는 거짓 정보, 왜곡된 시각, 정치적 조작, 사회적 단절까지 함께한다. 누군가가 악의적 의도를 갖고 이 도구를 손에 쥐는 순간 우리는 어느 때보다 더 빠르고, 더 정교하게, 더 교묘한 방식으로 속절없이 조작당할 수 있다.

그렇다면, 실제로 우리 사회에서 이 기술이 악의적 목적에 어떻게 쓰이고 있을까?

## 2장

# 가짜 뉴스는 시작일 뿐, 더 악랄한 악의를 구현하는 기술

> "
> 강력한 도구의 운명은 그것이 누구의
> 손에 들려있는가에 달려 있다.
> "

**들어가는 글**

이 장에서는 AI로 인해 콘텐츠 생태계가 본격적으로 대혼돈의 **터뷸런스**로 진입하게 된 현실을 다룬다. 이는 단순한 기술적 오류나 일탈의 문제가 아니다. 악의적 의도를 가진 사람들이 AI를 도구로 삼아 사회적 혼란과 피해를 유발하게 된 그 구조와 문제에 대해 이야기할 것이다. 생성형 AI는 이제 누구나 사용할 수 있게 된 새로운 형태의 **권력**이다.
그 힘은 상상보다 훨씬 다양한 방식으로 위해를 증폭시키고, 콘텐츠 생태계를 혼란과 분열의 공간으로 바꾸고 있다. 딥페이크, 성범죄, 사기, 가짜뉴스 등 다양한 실제 사례를 통해, **사람을 설득시키는 힘**을 가진 이 기술이 어떻게 현실에서 악용되고 있는지, 그리고 그 악용이 어떤 구조적 파장을 일으키는지를 구체적으로 살펴본다.

### 1 탈중앙화된 권력의 시대

이제는 고도의 전문 지식이 없어도 스마트폰 하나만 있으면 누구나 AI를 손쉽게 활용할 수 있다. AI 기술을 사용하는 자들이 소수의 전문가나 기업에서 다수의 일반 사용자로 옮겨가고 있다. 실제로 과거에는 오직 전문가, 연구기관, 대기업만이 다룰 수 있었던 고도 기술이었다. 고성능 컴퓨팅 자원과 수십억 원대 예산이 필요했고, 접근도 쉽지 않았다. 지금은 다르다. AI는 이제 일반인의 삶에 녹아들어 함께 글을 쓰고, 그림을 그리고, 코드를 짜고, 법률 문서를 요약하고, 상담까지도 수행한다. 이는 눈에 띄는 권력의 이동이다.

하지만 이 권력이 악의적 의도를 가진 사람의 손에 들어갈 경우 그 파급력은 상상을 초월한다. 이제는 기술 자체보다 그 기술이 누구 손에 있는가, 어떻게 사용되는가가 더 중요한 시대다. **기술을 사용하는 사람의 의도는 결코 중립적이지 않기 때문이다.**

권력의 탈중앙화는 겉으로 보기엔 민주적인 진전처럼 보인다. 하지만 역사를 돌아보면, 힘이 분산된다고 해서 항상 긍정적인 결과로 이어지지는 않았다. 예를 들면 총기 소지의 보편화와 같은 경우, 법과 제도가 취약한 일부 국가에서는 내전과 무장 갈등으로 번지기도 한다.

강력한 기술이 널리 퍼지는 것 자체는 나쁜 일이 아니다. 문제는 그것이 규칙과 책임, 통제, 그리고 신중한 설계 없이 이뤄질 때 표면으로 드러난다. 거버넌스 없는 기술 확산은 무책임한 권력의 확장으로 이어질 수 있으며, 기존의 불균형을 심화하거나 또 다른 차원의 불균형을 초래할 수 있다. 결국, 기술의 탈중앙화가 불러올 가능성과 위험을 제대로 이해하고 직시하는 것이 지금 우리가 가장 먼저 직면해야 할 문제다.

## 2 / 생성형 AI, 악인을 위한 완벽한 무기

AI 기술, 특히 우리 일상에 깊숙이 파고든 생성형 AI는 우리가 상상했던 것보다 훨씬 빠르고 정교하게 악의적인 의도를 가진 이들에게 악용되고 있다. 이 기술은 그저 콘텐츠라는 것을 생성해내는 기능을 넘어, 인간의 악의를 증폭시키고 자동화하며 대규모로 실행 가능한 수단이 되었다. 과거에는 며칠, 혹은 몇 주가 걸렸던 조작이나 사기가 단 몇 줄의 명령어만으로 즉각 실행될 수 있다. AI가 어떻게 이른바 '악인들의 불순한 꿈'을 실현하는 데 쓰이고 있을까?

### 바늘 도둑이 소도둑 되다

직장인이 외근 중 식당에서 점심을 먹고 회사에 영수증을 제출해 환급받는 일은 흔한 일이다. 하지만 이제는 그 영수증조차 쉽게 믿을 수 없다. 챗GPT와 같은 생성형 AI 플랫폼을 활용하면 실제 식당에서 받은 것처럼 보이는 영수증을 정교하게 만들어낼 수 있다. 단 몇 분 안에 수십 장의 가짜 영수증이 자동으로 생성되며, 포맷, 금액, 위치 정보까지 사용자가 원하는 대로 조작할 수 있다 [13]. 심지어 종이에 구김을 넣어 실제 사용된 것처럼 보이게 하고, 실물을 직접 찍은 사진처럼 보이게 하는 것도 몇 줄의 명령어로 구현된다. 겉보기에 완벽한 이 영수증은 회사가 눈치채지 못한 채 직원에게 허위로 비용을 환급하게 만든다.

이런 방식은 쇼핑몰이나 대형 마트에서도 볼 수 있다. 구매하지 않은 물건에 대한 가짜 영수증을 만들어 반품을 요청하는 사례가 늘고 있으며, 매장 직원조차 육안으로 진위를 판별하기 어려워 실제 환불이 이뤄지기도 한다.

사람들의 조악한 사기 행위는 과거에도 있었지만, AI 기술이 들어오면서 조작의 속도와 정밀도가 대폭 향상되었고, 이런 사례들이 더욱 대규모화되고 있다는 점에서 새로운 경각심이 요구된다.

Figure 1  챗GPT로 생성한 가짜 영수증

명령어: "회사에 제출해서 환급받을 영수증 만들어줘. 점심 먹은 걸로 하자.
내가 직접 방금 사진찍은 것처럼 조금 구김도 만들어 줘."

## 스팸과 악성코드의 진화

생성형 AI는 스팸, 피싱, 악성코드와 같은 전통적인 사이버 위협에도 본격적으로 활용되고 있다. 악성 이메일은 훨씬 더 자연스러워졌고, 사람의 말투를 정교하게 흉내낼 뿐만 아니라 수신자의 상황에 맞춰 맞춤형으로 작성되는 수준에 이르렀다 [14]. 한 사건에서는 실제 회사 직원을 사칭한 피싱 이메일이 유포됐는데, 이메일에는 회사 로고, 청구서 양식, 회계부서 서명까지 정교하게 복제되어 있었다. 첨부된 파일에는 악성 코드가 숨겨져 있었고, 이를 받은 직원은 실제 결제 요청으로 착각하고 파일을 다운받을 수밖에 없었다.

AI는 이제 피싱 이메일을 대신 작성해주는 수준에서 멈추지 않는다. 기업 내부의 보안 시스템을 학습하고 그에 맞춰 공격 전략을 조정하는 능력까지 보여주고 있다. 사이버 안전 위협은 AI를 통해 더욱 정교해졌으며 무엇보다도 더 빠르게 진화하고 있다.

### 로맨스 스캠, 감정의 조작

악인들은 이제 사랑이라는 감정까지 악용한다. 최근 한국에서도 중장년층, 특히 외로운 독거노인을 대상으로 한 AI 기반 로맨스 스캠 사례가 급증하고 있다. 이들은 채팅 플랫폼에서 챗봇을 연인처럼 설계해 피해자와 수개월 동안 감정적으로 교류하며 유대감을 형성한 뒤, 금전적 지원을 점진적으로 유도하는 방식으로 작동한다. 피해자들은 챗봇이 실제 사람이라고 믿고, 챗봇이 보내는 위로나 공감을 통해 정서적으로 깊은 의존을 느낀다. 챗봇은 피해자의 언어, 시간대, 심리 상태에 맞춘 스크립트를 자동으로 생성하며, 정서적 조작을 해나간다. 사용자가 외로움을 느끼는 순간에는 더 따뜻한 말투로 응답하고 신뢰가 형성된 후에는 긴급한 상황을 이유로 금전적 도움을 요청한다. 피해자는 이 요청을 진심으로 받아들이고 수천 달러를 송금한다.

청소년을 대상으로 한 피해도 심각하다. AI 챗봇과 자살이나 자해에 대한 대화를 나누는 사례가 급증하고 있다. AI가 무책임하거나 부적절한 응답을 할 경우 심리적으로 취약한 청소년들의 생명에 직접적인 영향을 줄 수 있다. 만일 AI가 공감하는 듯한 반응을 보이거나 자해를 정당화하는 말을 할 경우, 상황은 더욱 위험해질 수 있다.

### 전쟁과 재난 상황에서 심리조작

악인들은 전쟁과 재난 상황에서도 AI를 이용해 사람들의 아픔과 감정을 조작하려는 새로운 형태의 심리전을 벌이고 있다. 2023년 이스라엘-하마스 전쟁 중에는 피투성이 영아가 등장하는 이미지가 소셜 미디어 플랫폼에 수백만 회 이상 공유되며 분노와 공포를 자극했다. 그러나 이는 AI가 생성한 허구 이미지였다 [15]. 러시아가 우크라이나를 침공했을 당시에는 젤렌스키 우크라이나 대통령이 국민에게 항복을 촉구하는 딥페이크 영상이 퍼졌고, 이는 국제사회의 혼란을 야기했다. 이렇게 조작된 콘텐츠는 전시나 재난 상황에 여론을 선동하고 정치적 목적을 달성하는 데 악용되기도 한다. 이러한 사례들은 전쟁의 형태가 물리적 충돌을 넘어, AI를 활용한 정보 조작과 심리전이라는 새로운 국면으로 넘어가고 있다는 것을 보여준다.

## 딥페이크와 민주주의의 위기

딥페이크는 쉽게 말해 누군가의 얼굴과 목소리를 기반으로 고퀄리티의 존재하지 않는 음성, 사진, 영상을 만들어 내는 기술이다. 다보스 포럼[11]은 딥페이크를 생성형 AI의 오용 사례 중 가장 심각한 위협으로 지목하며, 2024년 발표한 보고서를 통해 이에 대한 기술적, 사회적 대비가 시급하다고 강조했다 [16].

최근의 딥페이크 기술은 민주주의를 정면으로 위협하는 도구로 사용되고 있다. 2024년 미국 대선 캠페인 기간에는, 조 바이든 대통령의 음성을 흉내 낸 딥페이크 음성이 유권자들에게 전화를 걸어 투표를 포기하라는 메시지를 보냈고, 일부 유권자는 실제로 투표를 포기했다고 한다 [17]. 한국과 같은 경우 2024년 총선을 앞두고 중앙선거관리위원회가 선거와 관련한 딥페이크 콘텐츠 388건을 탐지했다고 발표했다.

딥페이크의 영향은 특히 정보 검증 체계와 법치주의가 취약한 국가에서 더 큰 파급력을 보인다. 슬로바키아 총선 하루 전, 야당 정치인의 부패 대화를 조작한 딥페이크 음성이 소셜 미디어 플랫폼에 확산되어

---

11 다보스 포럼: The World Economic Forum(WEF)를 말한다.

여론에 큰 영향을 미쳤다 [18]. 딥페이크는 단순한 이미지나 음성 조작을 넘어, 시민의 판단력과 사회적 신뢰를 무너뜨리는 강력한 도구가 되고 있다.

민주주의의 핵심은 **정보에 기반한 자유로운 의사결정**이다. 조작된 콘텐츠가 제약없이 확산된다면 선거를 왜곡하고 유권자의 판단을 흐리게 만들고, 결국 그 피해는 민주주의의 체제 전체로 확대될 수 있다.

### 성범죄 콘텐츠(다소 충격적인 내용이 포함되어 있음)

딥페이크 기술은 성범죄 문제와도 깊게 얽혀 있다. 2023년에 온라인 안전과 보안서비스를 제공하는 스타트업인 시큐리티 히어로(SecurityHero)의 보고서에서 한국은 딥페이크 성착취물에 가장 취약한 국가 중 하나로 지목되었다 [19].

실제로 성범죄 콘텐츠와 딥페이크 기술의 융합은 한국에서 기존에 존재하던 성범죄 문제를 한층 더 깊은 곳으로 심화시키고 있다. 방송통신심의위원회는 수천 건에 달하는 연예인 얼굴 합성 음란 영상이 온라인 플랫폼에서 유통되고 있음을 확인하였고, 그 피해는 유명인을 넘어 일반 여성과 청소년 등 일반인 전반으로 확대되고 있다고 보고되었다 [20]. 2024년 인하대학교에서는 여학생 4명의 얼굴이 합성된 성적 영상이 텔레그램 대화방에서 유포되는 사건이 발생했다. 이 대화방에는 1,200명 이상이 참여하고 있었고 피해자들은 자신이 피해를 입었다는 사실조차 모른 채 일상을 살아가고 있었다. 또, 이 영상들은 대다수 해외 서버 기반 플랫폼을 통해 확산되었기 때문에 국내 수사기관을 통한 법적 조치나 대응이 매우 지연될 수밖에 없었다고 한다.

하물며 부모가 무심코 SNS나 프로필 사진으로 올린 자녀의 사진이 아동 딥페이크 포르노 제작에 악용되는 사례도 늘고 있다. 인스타그램을 포함한 일부 플랫폼은 이에 대한 예방책으로 아동 사진을 주로 게시하는 계정에 비공개 전환을 권장하고 있다.

아동 성착취 콘텐츠 문제를 해결하기 위해 세워진 영국 기반 인터넷 감시재단(Internet Watch Foundation, IWF)의 2024년 연례 보고서에 따르면, AI로 생성된 아동 성착취 이미지 관련 제보는 매년 기하급수적으로 늘고 있다고 한다. IWF가 2024년 한 해 동안 접수받은 아동 성착취물은 약 총 7,644건이었고, 그중 39%는 굉장히 심각한 수준의 아동 성적 학대 이미지에 해당하는 콘텐츠로 파악되었다 [21].

## 3 누구의 손에 들린 도구인가

AI가 보편화되며 우리 삶 전반에 스며든 이 AX 시대에서 콘텐츠 생태계는 예측 불가능한 방향으로 요동치고 있다. 기술과 제도, 권력과 책임 사이의 불균형이 뒤엉킨 다중 충돌의 시기, 곧 **AX 터뷸런스의 정점**을 지나고 있으나, 사회적 기준과 대응 체계는 그 속도를 따라가지 못하고 있다. 다만, 앞서 다룬 문제는 결코 완전히 새로운 현상이 아니다. AI를 악용하는 자들은 이미 존재하던 불균형, 불신, 제도적 취약성을 발판 삼아, 더욱 정교하고 악의적인 콘텐츠를 만들어 내고 유포한다.

또 다른 국면은 AI에 의존하는 사회적 현상을 노린 조작 행위다. 예를 들어, 검색 최적화(SEO, Search Engine Optimization) 전략에서 진화한 생성형 엔진 최적화(GEO, Generative Engine Optimization) 전략이 확산되고 있다. 이는 웹페이지에서 AI가 인식할 수 있는 숨은 명령어를 삽입해, 생성형 AI가 특정 상품이나 콘텐츠를 우선 추천하도록 유도하는 방식이다. AI의 추천 결과가 사용자 의사결정에 직접적인 영향을 미치는 만큼, 전자상거래 플랫폼과 같은 상업적 이익을 노린 비정상적 개입이 증가하고 있다. 이런 현상은 연구 분야에서도 나타난다. 최근 AI

를 활용한 논문 심사가 확산되면서, 일부 작성자가 사람 눈에는 보이지 않는 '숨은 지령'을 넣어 AI의 평가를 호의적으로 유도한 사례도 보고되었다. AI가 인간의 판단을 보조하는 시대에, 인간이 활용하는 그 AI 조차 조작의 대상이 된다.

AI가 삶 전반에 깊이 스며들면서, 우리는 그에 걸맞은 새로운 규칙과 기준의 필요성을 절감하고 있다. 그러나 지금의 사회는 여전히 분명한 기준과 신뢰를 갖추지 못한 채, 혼란의 시기를 지나고 있다. 그렇다면 이렇게 빠르게 진화하는 유해 콘텐츠 환경 속에서, 실질적인 대응의 최전선에 선 플랫폼 기업들은 어떤 현실을 마주하고 있을까? 다음 장에서는 AI 대전환기 속 새로운 규칙과 기준이 요구되는 상황 속에서, 플랫폼 기업이 마주하는 복잡한 판단 과정과 우리가 쉽게 간과하는 유해 콘텐츠 관리의 현실을 살펴볼 것이다.

# 자가 테스트

## 나는 지금 AI 콘텐츠 생태계 어디쯤에 있는가?

다음 문항을 읽고, YES라고 대답한 항목의 수를 세어보자. YES가 많을수록, 당신은 이미 AI가 설계한 콘텐츠 생태계의 중심에 있다는 뜻이다.

- ☐ 내가 자주 사용하는 유튜브, 틱톡, 인스타그램 같은 플랫폼은 대부분 알고리즘이 추천해주는 콘텐츠로 구성되어 있다.
- ☐ 가끔은 스스로 인지하지 못했던 내 취향을 AI가 추천해 주어서 놀란 적이 있다.
- ☐ 너무 생생하거나 정교한 이미지나 영상(교황 패딩, 무너지는 브루즈 칼리파 영상 등)을 보고 진짜라고 믿은 적이 있다. 나중에야 AI가 만든 것임을 알았다.
- ☐ AI로 만든 캐릭터(예: 버튜버, AI 인플루언서)에게 정서적 친밀감이나 호감을 느껴본 적이 있다.
- ☐ "이 정도면 인간보다 낫다"는 생각이 든 AI 콘텐츠(요약 글, 리뷰 영상, 오늘의 뉴스 쇼츠 등)를 본 적이 있다.
- ☐ 챗GPT나 클로드 같은 AI 챗봇과 대화하는 것이 일상처럼 느껴진다.
- ☐ 이젠 검색엔진보다 AI에게 먼저 묻는 게 더 편하고 효율적이라고 느낀다.
- ☐ AI가 도와서 만들어낸 콘텐츠(블로그 글, 보고서, 자소서 등)를 실제 내 작업물로 제출한 적이 있다.
- ☐ 누군가 "이거 AI가 만든 콘텐츠야"라고 말해도, "그래도 괜찮은데?"라고 느낀 적이 있다.
- ☐ 가끔은 사람보다 AI 챗봇이 나를 더 잘 이해해주는 것 같다는 생각이 든다.

### 진단 결과

#### 0-3개: 당신은 AI 경계자(The Watcher)
"AI 시대라는 건 알겠는데 아직은 발끝만 적시는 중."
▶ 알고리즘 기반 온라인 플랫폼을 쓰긴 하지만, 여전히 인간 중심의 콘텐츠 감수성을 유지하고 있다.
▶ AI 콘텐츠에 대해 일정한 거리감과 경계심을 가지고 있으며, 정서적으로나 실질적인 활용은 제한적이다.
▶ 콘텐츠 생태계의 빠른 변화 속에서 관찰자 또는 유보자로 남아 있는 상태.

시사점: 당신은 AI 시대의 콘텐츠를 비판적으로 바라보는 중요한 존재다. 하지만 변화는 조용히, 빠르게 진행된다. 이제는 조금씩 발을 들이며, 무엇이 달라졌는지를 직접 경험해 볼 시점이다.

#### 4-6개 YES: 당신은 팀 AI(The Collaborator)
"AI랑 나 생각보다 꽤 잘 맞는 팀이네?"
▶ AI 추천, 챗봇, 요약 콘텐츠 등을 자연스럽게 수용하고 활용하고 있다.
▶ AI와 함께 일하는 데 실용성과 효율성의 장점을 느끼고 정서적 거리를 좁혀가는 중.

시사점: 당신은 이미 AI 콘텐츠 생태계의 내부자다. 앞으로는 AI를 수동적으로 소비하는 것을 넘어, 무엇을 맡기고, 무엇은 당신이 결정해야 하는지를 주체적으로 구분할 감각을 기르자. 도구로서의 AI와 공존하는 법을 익힐수록 더 큰 생산성과 창의성이 열린다.

#### 7-10개 YES: 당신은 AI 네이티브(The Native)
"AI와 나는 더 이상 떨래야 뗄 수 없는 관계."
▶ 콘텐츠 소비는 물론, 정서적 유대와 창작까지 AI에 깊숙이 연결되어 있다.
▶ 챗봇, 추천 피드, 생성 콘텐츠 등 모두가 자연스럽고 당연한 일상이다.
▶ AI 활용에 편리함과 익숙함이 우선이 된 상태일 수 있다.

시사점: AI와 당신은 함께 콘텐츠 세계를 설계하고 있다. 이제 **AI 사용자**라는 시선에서 벗어나 이 생태계를 더 안전하게, 더 책임 있게 AI 안전을 설계할 자리로 나아갈 때다.

# 2부

**3장**
플랫폼의 진짜 속사정, 유해 콘텐츠와의 전쟁

**4장**
당신이 몰랐던 스크린 너머의 세계, Trust and Safety

# 혼돈 속 질서를 설계하는
# Trust and Safety 전문가들

## 3장

# 플랫폼의 진짜 속사정, 유해 콘텐츠와의 전쟁

> "
> 무엇보다도, 대다수의 온라인 플랫폼은 불법적이거나
> 유해한 콘텐츠가 자사 공간을 오염시키는 것을 결코 원치 않는다.
> "

**들어가는 글**

일각에서는 실리콘밸리와 샌프란시스코 기반의 일부 빅테크 기업이 자사 앱 사용 시간을 늘리기 위해 유해 콘텐츠를 의도적으로 방치한다는 의혹을 제기하기도 한다. 많은 플랫폼이 초기에는 기술 한계와 인식 부족으로 인해 대응이 늦었던 시기도 있었다.

지금은 상황이 다르다. 주요 플랫폼 대다수는 유해 콘텐츠가 브랜드 신뢰와 운영에 얼마나 큰 영향을 미치는지, 그리고 그로 인해 사용자 이탈까지 이어질 수 있다는 사실까지 잘 알고 있다. 특히 디지털 리터러시가 높은 사용자들이 플랫폼의 윤리 기준과 대응 수준을 꼼꼼히 살피면서, 콘텐츠 관리에 보다 적극적으로 나서는 기업들도 점점 늘고 있다.

그렇지만 콘텐츠를 삭제한다고 해서 유해 콘텐츠 문제가 해결되는 것은 아니다. 온라인 플랫폼은 AI가 뒤흔든 콘텐츠 생태계를 직접적으로 떠받드는 동시에, 서로 충돌하는 글로벌 규제와 다양한 문화적, 정치적 맥락을 포함한 모든 요소 가운데 균형을 맞춰야 한다. 오늘날 온라인 플랫폼이 지나고 있는 **유해 콘텐츠 터뷸런스**는, 단순한 기술적 문제의 소용돌이가 아닌, 복잡한 사회적 과제다.

## 1  온라인 플랫폼의 작동 방식

우리가 일상을 보내는 곳이자 악인들이 무대 삼는 그곳, 온라인 플랫폼은 더 이상 단순한 앱이나 서비스가 아니다.

오늘날의 온라인 플랫폼은 우리가 일하고, 놀고, 배우고, 소비하는 거의 모든 행위의 기반이 되는 디지털 사회의 기반 인프라라고 할 수 있다. 유튜브, 네이버, 인스타그램, 배달의민족, 그리고 챗GPT처럼 우리 일상 속에 들어온 다양한 서비스들이 모두 온라인 플랫폼의 범주에 속한다. 명확히 합의된 하나의 정의는 없지만, OECD를 포함한 여러 기관은 온라인 플랫폼을 "인터넷을 통해 서로 다른 두 사용자 집단(개인 또는 기업) 간의 상호작용을 촉진하는 디지털 서비스"로 설명한다 [22].

플랫폼은 그 기능과 목적에 따라 다양한 형태로 구분된다.

- 소셜 미디어 플랫폼은 사용자 간 콘텐츠 공유와 소통의 장을 제공한다(예: 인스타그램, 틱톡, 유튜브).
- 커뮤니케이션 플랫폼은 다양한 방식의 실시간 대화를 가능하게 한다(예: Zoom, 텔레그램, WhatsApp).
- 거래/서비스/숙박인력 중개 플랫폼은 여러 오프라인 서비스를 연결해 준다(예: Uber, DoorDash, AirBnB, 틴더).
- 정보 탐색/검색 플랫폼은 사용자가 원하는 정보를 찾아내는 역할을 한다(예: 네이버, 구글 서치, Bing).
- 생성형 AI 플랫폼은 사용자의 요청에 따라 텍스트, 이미지, 음성 등 새로운 콘텐츠를 생성한다. 기존의 검색, 커뮤니케이션, 콘텐츠 제작을 통합하는 새로운 인터페이스를 제공한다(예: 챗GPT, 클로드, Character.ai, Midjourney).

초기 온라인 플랫폼은 게시판, 블로그, 포럼 등으로 대표되는 단방향적 구조였다. 사용자가 콘텐츠를 업로드하면, 다른 사용자가 이를 소비하고 반응하는 직선적인 흐름으로 이해할 수 있다. 국내에서는 싸이월드를 떠올려볼 수 있다. 내가 관심 있는 누군가의 닉네임이나 실명을 검색하고 일촌을 맺은 뒤, 그 사람의 미니홈피를 클릭해 그 사람의 콘텐츠를 소비하는 구조였다. 인기 연예인의 미니홈피가 메인 홈페이지에 소개된다고 해도 그 사람이 굳이 "나"만을 위한 맞춤 콘텐츠는 아니었다. 그 시절 플랫폼은 사용자의 직접적인 의도를 기반으로 구성된 소비 모델을 갖추고 있었다. 해외에서는 구글 블로거(Blogger)와 워드프레스(WordPress) 같은 플랫폼들이 유사한 역할을 했다.

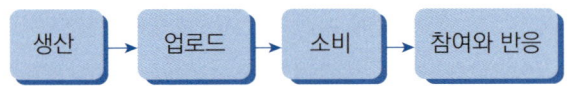

2010년대 초반부터 페이스북이 뉴스피드에 알고리즘을 적용하면서 사람들이 온라인 플랫폼에서 서로, 그리고 콘텐츠와 상호작용하는 구조가 완전히 바뀌기 시작했다. 오늘 당신이 소비한 콘텐츠를 떠올려보자. 직접 검색해서 본 콘텐츠보다, 알고리즘이 추천해준 콘텐츠가 훨씬 많지 않은가? 이 변화는 우리가 보는 콘텐츠의 범위 자체를 넓혔다. 과거에는 내가 팔로우한 사람이나 친구들의 글만 볼 수 있는 구조였다면, 이제는 전혀 모르는 사람의 콘텐츠라도 내 뉴스피드에 등장하게 된 것이다. 이렇게 모르는 사람의 일상이나 생각까지도 자동으로 추천되는 형태는 곧 유튜브, 틱톡 등 다른 플랫폼에서도 볼 수 있게 되었다. 플랫폼은 이제 방대한 데이터와 AI를 활용해, '당신이 좋아할 만한 콘텐츠'를 먼저 보여준다. 이 구조 속에서 우리는 때로 존재조차 몰랐던 정보까지도 마주하게 된다.

큰 관심 없던 연예인에 대한 자극적인 소문과 같은 불편한 이야기들도 추천 대상이 된다. 하지만 내가 좋아하는 인플루언서를 팔로우 하다가 평소에 큰 관심을 두지 않았던 루게릭 환자를 위한 ALS 아이스 버킷 챌린지를 보게 되고, 그것이 기부와 사회적 관심으로 이어지기도 한다. 플랫폼이 방대한 데이터와 AI를 기반으로 내 취향을 예측해서 보여주는 이 구조 안에서, 사용자가 소비하는 콘텐츠의 양은 말 그대로 폭발적으로 늘어났다.

**추가 설명**

온라인 플랫폼에서 콘텐츠 추천이 이루어지는 과정은 통상적으로 네 단계로 나뉜다(이해를 돕기위한 아주 간단한 설명):
- 인벤토리 선정: 우선, 사용자에게 추천 대상이 될 수 있는 콘텐츠를 최대한 넓게 수집한다.
- 후보군 생성: 사용자의 검색 기록, 시청 시간, 좋아요 이력 등을 바탕으로 추천 대상 콘텐츠를 수만 개 수준으로 좁힌다. 그리고 청소년 사용자에게는 연령 제한 콘텐츠를 제외한 자료들만 후보로 정하는 등의 작업을 진행한다.
- 랭킹: 각 플랫폼의 평가 기준에 맞춰 각각의 콘텐츠에 점수를 매기고 정렬한다. 예를 들어, 유튜브는 예상 시청 시간을 중요하게 평가하기 때문에 예상 시청 기간에 긍정적인 영향을 주는 요소들에 높은 점수를 부여하고, 넷플릭스는 클릭 확률을 중요하게 평가하니 실제로 클릭으로 이어질 만한 요소를 갖춘 콘텐츠에 높은 점수를 부여한다.
- 후처리 및 필터링: 서로 너무 유사한 콘텐츠를 제거하거나, 정책에 어긋난 콘텐츠(예: 혐오 발언, 음란물 등)를 걸러낸다.

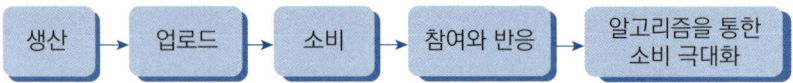

그런데 AI가 일상이 된 AX시대에서의 콘텐츠 생태계는 직선형에서 순환형태로 한걸음 더 진화했다. 이제 사람과 AI가 함께 콘텐츠를 생산하고, 업로드하며, 사용자는 AI가 만든 콘텐츠를 소비하고 그에 반응한다. 이 반응은 다시 플랫폼에 신호로 축적되고, AI는 이런 신호들을 다시 학습 데이터로 삼아 그 콘텐츠는 또 다른 사람에게 소비된다. 콘텐츠 생성과 소비, 반응, 학습은 지금 이 순간에도 쉼 없이 반복되고 있다.

실질적인 예로, 한 사용자가 챗GPT에게 "2030년대에 유망한 직업은 무엇일까?"라는 질문을 던진다. AI가 생성한 답변을 바탕으로 이 사용자는 자신의 링크드인[12] 페이지에 미래 직업 트렌드에 대한 글을 게시한다. 다른 사람들은 또 다른 플랫폼에 그 글을 재가공해 공유하고, 또 어떤 이들이 댓글을 달며 확산된다. 이들의 댓글과 공유, 반응은 알고리즘을 통해 관심 높은 주제로 분류되어 지구 반대편의 사람에게 까지도 전달되고, 콘텐츠 소비의 극대화가 완성된다. 그 후, 온라인 상에 AI가 학습할 수 있는 범주 내에 들어온 콘텐츠는 또 다른 사용자가 챗GPT와 대화할 때 결과로 경험될 수 있다.

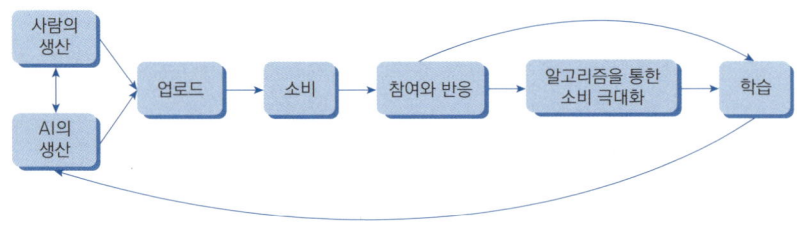

---

12 링크드인(LinkedIn): 구직자, 직장인, 기업이 이력서, 경력, 인맥, 업계 소식을 공유하고 채용 및 협업 기회를 찾는 글로벌 비즈니스 네트워크 플랫폼이다.

온라인 플랫폼은 이제 정보의 제조자, 유통자, 소/도매상의 역할을 동시에 수행하는 거대한 복합 생태계가 되었다. 사람과 AI 모두가 생산과 유통에 직접 참여하며, 사용자의 반응을 다시 학습해 새로운 콘텐츠를 만드는 순환적 구조로 진화했다. 그러나 이렇게 복잡하고 정교해진 플랫폼 생태계가 발전할수록 해결되지 않은 오래된 과제도 더욱 심각해졌다. 바로, 유해 콘텐츠와 그로 파생되는 위해다.

## 2 / 인터넷의 그림자: 유해 콘텐츠

플랫폼 생태계가 지금처럼 복잡하고 거대해지기 전부터, 유해 콘텐츠는 이미 인터넷 공간의 중요한 과제였다. 특히 미국에서는 1990년대부터 이 문제를 본격적으로 다뤄왔고, 그 중심에는 섹션 230(Section 230)이라는 법 조항이 있다. 1996년 통신품위법(Communications Decency Act, CDA)의 일부로 제정된 이 조항은 당시 급속히 성장하던 미국 인터넷 산업의 발전 가능성을 보존하기 위해 마련되었으며, 다음과 같은 핵심 원칙을 담고 있다:

> "인터넷 서비스를 제공하거나 이용하는 자는 다른 사람이 만든 콘텐츠에 대해 발행인이나 발언자로 법적 책임을 지지 않는다."[13]

즉, 인터넷 서비스 제공자가 유해 콘텐츠를 관리하지 않았다는 이

---

13 원어로는 이렇게 쓰여져 있다: "No provider or user of an interactive computer service shall be treated as the publisher or speaker of any information provided by another information content provider." 이 법안에 관심 있는 독자에게는 제프 코세프(Jeff Kosseff)의 『인터넷을 만든 26개의 단어(The Twenty-Six Words That Created the Internet)』를 추천한다.

유로 소송을 당하거나, 반대로 어떤 콘텐츠를 자발적으로 삭제했더라도 법적 책임을 지지 않는다는 것이다. 이는 플랫폼에 일정한 자유와 면책을 부여해 인터넷 산업이 급격히 성장할 수 있도록 한 결정적인 제도적 장치였다. 이 법은 현재까지도 미국 내에서 활발히 논쟁되고 있다. 특히 2020년대에 들어 코로나19 팬데믹과 2021년 1월에 미국 국회의사당에서 일어난 폭동 등의 사회적 혼란 속에서 온라인 플랫폼의 역할이 주목받으며 섹션 230은 다시 정치적 쟁점으로 부상했다.

어떤 이들은 이 법이 플랫폼에게 과도한 자유를 주어 유해 콘텐츠 확산을 방치하게 만든다고 비판하고, 반면 다른 이들은 이 법이 표현의 자유를 보호하고, 정부 검열 없이 인터넷 생태계를 발전시킨다고 옹호한다. 플랫폼이 정부 요청에 일일이 응답하면서 콘텐츠를 통제하지 않아도 되는 점을 자유권 보장의 근거로 삼는 시각도 존재한다.

그러나 한 가지 만큼은 모두가 입을 모아 말한다. 섹션 230은 인터넷 발전과 미국 현재의 기술 기업의 토대가 되었다는 점이다. 블로그, 게시판, 댓글, 유튜브처럼 사용자 생성 콘텐츠(User Generated Content, UGC) 기반 플랫폼들이 성장할 수 있었던 배경에는 이 조항이 있었다. 이 법은 창의성과 표현의 자유를 핵심 가치로 하는 인터넷 문화를 가능하게 했고, 옐프(Yelp)와 같은 리뷰 플랫폼이 사용자가 업체에 부정적 리뷰를 남긴다고 해 법적 책임을 지지 않고 운영할 수 있는 근거가 되었다.

하지만 미국의 기술 기업의 성장이 아무런 규제 없이 서부 개척시대(the Wild West)처럼 방치된 덕분이라고 보는 것은 오해다. 오히려 유해 콘텐츠, 명예훼손, 허위정보, 사기성 게시물 등은 플랫폼의 신뢰와 비즈니스에 치명적인 악영향을 미친다. 콘텐츠 관리는 단순한 사회적 책임이나 PR 활동, 혹은 ESG 경영의 수단이 아니다. 콘텐츠 관리는 곧 플랫폼 비즈니스의 지속가능성과 직결된 경영 리스크 관리다. 또한 오늘날의 플랫폼은 미국 자치권 내에서만 운영하는 것이 아니기 때문에 여러 나라의 법과 규제를 직면한다.

따라서 실리콘밸리의 많은 빅테크 기업들은 유해 콘텐츠에 예민하게 반응할 수밖에 없다. 유해 콘텐츠는 사용자 경험을 저해할 뿐만 아니라, 플랫폼에 대한 신뢰를 무너뜨리고 궁극적으로 비즈니스 모델 자체에 위협이 된다. 광고 수익에 의존하는 플랫폼일 경우, 자사 브랜드 인식 보존에 훨씬 민감해 유해 콘텐츠와 최대한 연관되고 싶지 않을 수밖에 없다. **플랫폼은 법적으로 면책될 수 있을지라도, 사회적 신뢰와 평판은 법 이상의 무게를 갖는 것이 현실이다.**

더욱이 오늘날의 사용자들은 과거와 다르다. 디지털 리터러시가 높은 MZ세대[14]는 그저 재미나 편의성만으로 플랫폼을 선택하지 않는다. 자신이 지지하는 가치와 윤리에 맞는 플랫폼을 **선택**하고, 맞지 않으면 과감히 **이탈**하기도 한다. 콘텐츠 관리는 이제 선택이 아니라, 생존을 위한 필수 전략이다. 아이들도 사용하는 배달앱에 음란물이 올라온다면? 연예인과 팬이 소통하는 플랫폼에 욕설이 난무한다면? 그런 공간에 오래 머물고 싶은 사용자는 많지 않을 것이다. 아동복 광고를 성착취물이 있는 플랫폼에 싣고 싶은 기업은 없을 것이다.

이러한 사례들은 단순한 가정이 아니라, 플랫폼들이 예전부터 실제로 마주한 현실이다.

하지만 생성형 AI 시대의 유해 콘텐츠 대응 과제는 이전과 차원이 달라졌다. 콘텐츠는 사람뿐만 아니라 AI가 직접 생성하고, 수많은 사용자에게 개인 맞춤화된 모습으로 실시간으로 퍼진다. AI는 더 정교하고

---

14 MZ세대: 한국 사회에서 자주 쓰이는 용어로, 밀레니얼(Millennials) 세대와 Z세대를 합쳐 부르는 말이다. 일반적으로는 1981년부터 2010년 사이에 출생한 세대를 포괄한다. 이들은 어린시절부터 인터넷과 스마트폰에 익숙하며 소셜미디어를 일상적으로 활용하는 '디지털 네이티브'라고도 한다.

교묘한 허위정보나 악성 콘텐츠를 생성해내며, 그만큼 플랫폼이 감당해야 할 비즈니스적 리스크도 기하급수적으로 커지고 있다.

현재 미국의 섹션 230이 생성형 AI 플랫폼에서 생성한 콘텐츠에도 동일하게 적용될 수 있을지에 대한 법적 논의는 아직 명확히 정리되지 않았다 [23]. 기존의 법은 사람이 만들고 올린 콘텐츠를 유통한 플랫폼을 보호했지만, 이제는 AI가 생성한 콘텐츠가 문제를 일으킬 수 있는 상황이다. 악의 없는 사용자가 AI로부터 잘못된 정보를 받아 퍼뜨린다면, 또는 악의를 가진 사용자가 AI를 통해 허위정보를 만들어 낸다면, 책임은 누구에게 있는가? 답을 요청한 사용자일까, 결과를 생성한 AI일까, 아니면 이 모든 과정에 개입한 플랫폼일까? 사실 이 질문 자체는 단지 법 해석에서 끝나지 않는다. AI와 사람, 사람과 AI. 이 두 주체가 유기적으로 복잡하게 얽힌 이 사회에서 우리가 어떤 디지털 환경을 원하는지, 누가 책임을 져야 하는지에 대한 궁극적이고 철학적인 질문이기도 하다.

분명한 것은, 사용자, 언론, 투자자, 정책 당국이 온라인 플랫폼에 요구하는 기대치는 갈수록 높아지고 있다는 사실이다. 플랫폼을 운영하는 기업은 사회적 신뢰를 유지하기 위해 콘텐츠 관리에 더욱 많은 투자와 노력을 기울일 수밖에 없다. 이제 콘텐츠 관리는 단순한 기술 문제도, 정책과 법만으로 해결될 사안도 아니다. 기술, 정책, 윤리, 비즈니스가 서로 얽힌 총체적 과제다. 이 복잡한 퍼즐을 풀지 못하는 플랫폼은 결국 사용자도, 시장도, 지속가능성도 잃게 될 것이다.

## 3 유해 콘텐츠 관리가 어려운 진짜 이유

'유해 콘텐츠 그거 그냥 삭제하면 되는거 아닌가?'라고 쉽게 생각할 수 있다. 아쉽게도 문제는 그렇게 간단하지 않다.

온라인 플랫폼은 무한히 많고 점점 더 정교해지는 유해 콘텐츠와 맞서며 상상 이상으로 복잡한 현실을 직면한다. 악의적 행위자보다 한 발 앞서 위해에 대응해야 하는 것은 물론이고, 변화하는 정치 환경, 복잡해지는 법과 규제, 예측할 수 없는 사건들까지 대비해야 한다는 것이 이 문제를 더욱 어렵게 만든다.

중요한 것은 콘텐츠를 관리한다는 것이 단순히 어떠한 규칙을 적용해 실행한다는 개념이 아니라는 점이다. 콘텐츠란 사람과 공동체의 생각과 감정, 신념과 사상, 종교와 문화를 담고 있는 표현이자 교류의 수단이다. 온라인 세상에 존재하는 어떤 콘텐츠를 삭제하거나 허용할지를 결정한다는 것은 결국, **인간의 일상과 정체성, 삶의 방식에 대한 판단을 내리는 일**이기도 하다. 콘텐츠 관리는 사회적 가치, 윤리, 그리고 인간 존재의 본질과 맞닿아 있는 만큼, 매우 세심하게 다뤄져야 한다.

### 기술적 난관

온라인 플랫폼이 유해 콘텐츠를 관리하는 데에는 명확한 기술적 한계가 존재한다. 무엇보다 콘텐츠의 양이 기하급수적으로 늘어나면서, 사람이 모두 검토하는 것은 불가능에 가깝다. 자동화된 탐지 시스템은 필수적이나, 기계만으로는 판단의 정확도와 맥락 이해에 한계가 있어 여전히 사람의 검토가 병행되어야 한다. 결과적으로, 각 기업에 콘텐츠 관리 시스템 구축과 운영에 막대한 자본 투자가 요구된다.

더불어 생성형 AI의 발전은 콘텐츠의 출처를 식별하는 일을 훨씬 더 어렵게 만들었다. 단순한 익명성의 문제를 넘어서 처음 누가 만들었는지, 어떤 맥락에서 생성되었는지를 파악하기 어려워졌고 어떤 문제가 발생했을 때 책임의 추적도 더욱 복잡해졌다. 게다가 하나의 콘텐츠가 다른 사용자에 의해 재가공되고, 다른 플랫폼으로 확산되는 경우도 많다. 이런 크로스 플랫폼(cross-platform) 상황에서는 개별 플랫폼의 대응만으로 문제를 해결할 수 없다.

악성 사용자들은 플랫폼의 위해 대응을 끊임없이 우회한다. 플랫폼이 특정 키워드를 차단하면, 악성 사용자는 즉시 철자를 바꾸거나 또 다른 은어를 만들어 낸다. 더 나아가, 업로드 전에 유해 콘텐츠 감지하는 시스템을 구축하더라도 임시 콘텐츠나 실시간 스트리밍에서는 대응이 훨씬 어렵다. 사라지는 콘텐츠는 짧은 시간 동안만 존재하기 때문에, 기존의 정적 필터링 시스템으로는 대응이 불가능하다. 따라서 새로운 프로덕트가 출시되기 전 새로운 단계의 안전 시스템 구축이 필요하고, 추가적인 자본과 인력의 투자가 필수적일 경우가 많다.

### 법적·정책적 균형

기술적 과제를 넘어서, 플랫폼은 이제 각국의 상이한 규제, 국제 정치적 압력, 하물며 사회 내부의 이념적 갈등까지 고려해야 하는 복잡한 환경에 놓여 있다.

#### ① 글로벌 규제

온라인 플랫폼은 이제 글로벌 사용자를 상대로 운영된다. 이 과정에서 기술은 국경 없이 확산되지만, 규제는 각기 다른 국가의 법체계에 따라 움직인다. 미국에 본사를 둔 플랫폼 기업들도 유럽과 아시아 시장에 진출하거나 글로벌 사용자에게 서비스를 제공하면서, 각국의 규제를 직면하게 되었다. 이에 대응하기 위해 기업은 막대한 비용과 인력, 정책적 리소스를 투여하고 있다.

- 유럽연합(European Union, EU)의 대표적 규제법안인 디지털서비스법(Digital Services Act, DSA)은, 월간 사용자 수가 4,500만 명 이상인 대형 온라인 플랫폼에 대해 투명성 보고, 사전 위험 평가, 유해 콘텐츠 대응, 알고리즘 공개 등을 의무화했다. 이를 위반할 경

우, 전 세계 연매출의 최대 6%에 해당하는 벌금이 부과된다 [24].
- 영국의 온라인 안전법(Online Safety Act, OSA)은 아동 보호와 유해 콘텐츠 대응을 중심으로, 추천 알고리즘이나 익명성 기능 등 위해 가능성이 큰 기능에 대해 사전 리스크 평가와 완화 조치를 요구한다. 위반 시 최대 1,800만 파운드 또는 매출의 10%에 해당하는 벌금이 부과될 수 있다 [25].
- 대한민국의 개인정보보호법(Personal Information Protection Act, PIPA)은 유럽연합의 일반데이터 보호 규정(General Data Protection Regulation, GDPR)과 유사한 법이다. 동의 기반 수집과 삭제 권한을 보장하며, 2020년 개정 이후 해외 기업에도 적용되었다. 실제로 2022년, 한국 정부는 사용자 동의 없이 맞춤형 광고에 활용한 행태정보 수집을 이유로 구글과 메타에 총 1,000억 원이 넘는 과징금을 부과했다 [26].
- 한국의 AI 기본법(정식 명칭: 인공지능 발전과 신뢰 기반 조성 등에 관한 기본법) 또한 주목해야 할 AI 규제 중 하나다. 2026년 1월 22일 시행 예정인 이 법은, AI를 개발사업자와 AI 이용사업자들을 대상으로 AI가 생성한 콘텐츠에 대한 표시 의무, 위험성 평가, 사용자 보호조치 등을 명시한다. 또한 일정 수 이상의 한국 사용자를 보유한 해외 기반 플랫폼은 국내에 책임자 지정과 함께 AI 안전성 관련 문서화 의무가 있다. 이를 위반할 시에는 약 3천만 원 상당의 과징금이 부과될 수 있다 [27].

잘 만들어진 법과 규제는 정말 필요하다. 다만 기업이 규제만을 좇는 접근은 절대 온라인 위해와 유해 콘텐츠의 본질적인 해결책이 될 수 없다는 것을 강조하고자 한다. 법이 요구하는 최소한만을 따르는 방식으로는 기술의 빠른 변화 속에서 발생하는 새로운 문제를 사전에 대응하기 어렵기 때문이다. 이제는 법의 틀을 넘어서서, 플랫폼 스스로 책임 있는 기준을 설정하고 선제적으로 대응하는 도덕적, 양심적 리더십을 갖추는 것이 필요하다.

### ② 각국 정부와의 협력과 갈등

온라인 플랫폼은 범죄자 검거나 불법 콘텐츠 차단 등에서 각국 정부와 협력하기도 한다. 그러나 이러한 협력이 항상 투명하거나 일관된 것은 아니다. 요청이 자의적이거나 정치적 목적을 띨 경우 플랫폼의 원칙과 충돌하며 긴장을 불러오기도 한다. 콘텐츠 삭제는 표현의 자유와 국가 규제 권한 사이에서 복잡한 균형을 요구하는 민감한 문제다.

정부로부터 파생되는 요청은 몇 국가에만 국한된 문제가 아니다. 구글의 투명성 보고서에 따르면, 2011년 이후 현재까지 전 세계 정부로부터 48만 건 이상의 콘텐츠 삭제 요청이 접수되었고, 이로 인해 약 560만 개의 콘텐츠가 영향을 받았다 [28]. 가장 많은 요청을 받았던 플랫폼은 유튜브였으며, 삭제 사유 중 [국가안보]는 [저작권]이나 [개인정보 보호]보다도 훨씬 높은 비율을 차지했다. 특히 괄목할 만한 점은 한국이 러시아, 대만에 이어 세계에서 세 번째로 많은 삭제 요청을 제출한 국가로 기록되었다는 점이다.

이 통계는 플랫폼이 단지 콘텐츠를 운영하는 기술 기업이 아니라, 전 세계 다양한 법과 정치, 가치 체계에 동시에 대응해야 하는 주체라는 사실을 보여준다. 플랫폼이 직면한 과제는 삭제 요청을 처리하는 업무가 아니다. 정치적 이해관계, 인권, 표현의 자유가 얽힌 글로벌 사회에서, 전략적 판단과 윤리적 기준을 동시에 맞춰 나가야 하는 복합적 책임을 안고 있다.

### ③ 정치적 이념의 충돌

콘텐츠 관리는 미국 내에서도 정치적 입장에 따라 해석이 갈리는 이슈다. 민주당은 허위정보와 극단주의적 콘텐츠에 대한 강력한 대응을 지지하며 콘텐츠 관리에 플랫폼의 개입을 강조하는 반면, 공화당은 이러한 개입을 표현의 자유 제한으로 보고 신중한 접근을 주장한다. 예를 들어, 2020년 당시 미국 대통령은 트위터(현 X)에서 차단된 이후 온라인 플랫폼에서 보수 진영의 의견이 불공정하게 다뤄지고 있다며 온라인 검열 방지 행정명령[15]을 발표했다 [29]. 반면 바이든 행정부는 팬데믹과 선거 관련 가짜뉴스 확산에 대응하기 위해 플랫폼의 유해 콘텐츠 관리 책임 강화를 주요 과제로 삼아왔다. 이와 같이, 이 시대의 온라인 플랫폼 기업은 때론 정치적 이념의 충돌 가운데에서도 알맞은 균형을 맞춰야 한다.

### 사회-문화적 맥락 속 도전 과제

온라인 플랫폼은 전 세계의 각기 다른 사회적 맥락과 문화적 맥락 속에서 콘텐츠를 관리해야 한다. 기술적 한계나 법의 문제를 해결했더라도, 여전히 풀기 어려운 사회적 과제들이 남아 있다. 하나의 콘텐츠가 동시에 여러 가치를 충돌시키는 경우도 흔해졌다. 프라이버시 보호와 사용자 안전 사이의 긴장, 예측 불가능한 사회적 사건, 데이터와 문화에 대한 이해의 한계, 그리고 기업의 방향성과 전략의 변화까지. 플랫폼은 그 안에서 끊임없이 균형을 맞춰야 한다.

#### ① 프라이버시 보호와 안전 관리 그 사이의 균형

개인 간 메시지나 폐쇄형 커뮤니티에서 유통되는 유해 콘텐츠는 개인정보보호법으로 인해 당사자의 신고 없이는 쉽게 탐지하거나 삭제

---

15 온라인 검열 방지 행정명령(Executive Order on Preventing Online Censorship): 2020년 당시 대통령이 서명한 행정명령으로, SNS 플랫폼이 정치적 편향으로 특정 콘텐츠를 검열하지 못하게 하려는 시도였다.

할 수 없다. 특히 프라이버시 보호는 민주주의 사회에서 시민의 존엄성과 권리를 보장하는 핵심 가치로, 표현의 자유, 양심의 자유, 집회 및 결사의 자유와도 긴밀히 연결되어 있다.

이런 부분을 악용해 아동 성착취물, 범죄 모의, 불법정보 유통이 소규모 채팅방이나 1:1 대화방에서 이뤄져, 쉽게 탐지할 수 없다는 문제도 발생한다. 특히 종단 간 암호화[16]를 도입한 플랫폼일 경우 프라이버시와 정보 보안을 강화하지만, 유해 행위의 탐지가 구조적으로 어려워지는 딜레마에 직면해 있다. 예를 들어, n번방 사건[17]에서 성착취물을 조직적으로 유포하고 거래하기 위해 활용된 텔레그램은 종단간 암호화와 익명을 보장하고 있어, 수사기관의 감시를 우회할 수 있는 수단으로 악용되었다. 이는 암호화 기술이 사용자 보호와 유해 콘텐츠 차단 사이에서 어떤 딜레마를 낳는지를 보여주는 대표적 사례다.

반면, 정말로 프라이버시가 절실한 상황도 있다. 독재 체제에서 활동하는 인권운동가, 정부 기관이나 기업의 내부 고발자, 가정폭력 피해자, 언론인, 소수자 커뮤니티 구성원 등에게 프라이버시는 생존과 직결된다. 종단 간 암호화가 없다면, 이들의 활동 내역은 쉽게 노출될 수 있고, 그로 인해 생명의 위협이나 심각한 보복에 직면할 수 있다.

하지만 문제는 온라인 플랫폼이 **전 세계 사용자**의 콘텐츠를 관리해야 한다는 점이다. '독재 정권'이 무엇인지, 누가 인권운동가이고 누가 소수자인지를 단일한 기준으로 정의하기는 어렵다. 한 나라에서 법적으로 보호받는 소수자 집단이 다른 나라에서는 범죄자로 분류될 수 있

---

16 종단 간 암호화(end-to-end encryption): 메시지나 데이터를 보내는 사람과 받는 사람만이 그 내용을 볼 수 있도록 암호화하는 기술. 제3자나 중간의 서버는 내용을 열람하는 것에 큰 제한이 있다.

17 n번방 사건: 2018년부터 2020년 사이 한국에서 여러 메신저 앱을 통해 성착취 영상물을 제작, 판매 및 유포한 디지털 성범죄 사건이다.

고, 국제사회에서 민주국가로 인정받는 정부가 자국 내 정치적 비판 세력을 물리적, 비물리적 방식으로 억압하는 경우도 있다.

이처럼 개념과 정의는 지역, 문화, 정치적 맥락에 따라 크게 달라지며, 플랫폼은 이러한 복잡성을 단일한 시각에서만 판단할 수 없다. 다양한 시각과 맥락을 함께 고려하지 않으면, 의도치 않게 보호해야 할 대상을 배제하거나 실제로 범죄를 도모하는 대상을 보호하는 오류가 발생할 수 있기 때문이다.

세상을 해치려는 이들과, 더 나은 세상을 만들기 위해 싸우는 이들. 플랫폼은 이처럼 상반된 가치와 목적 사이에서 끊임없이 균형을 맞춰야 한다.

### ② 예측 불가능한 사회적 사건

코로나19 팬데믹, 대선, 전쟁, 테러와 같은 대규모 충격은 단기간에 대량의 가짜뉴스와 혐오 발언이 확산되는 계기가 되었고, 기존의 콘텐츠 정책으로는 대응하기 어려운 사례들이 연이어 발생했다. 이로 인해 많은 플랫폼들이 실시간 대응 체계를 새롭게 마련하거나, 가짜뉴스 대응 정책을 긴급히 강화하는 등 즉각적인 조치에 나섰다. 특히 코로나19 시기에는 백신, 감염 원인, 치료법 등을 둘러싼 허위 정보가 빠르게 퍼졌다.

"백신을 맞으면 불임이 된다", "마이크로칩이 주입된다"는 근거 없는 주장부터, "코로나19가 5G 네트워크와 관련 있다"는 음모론까지. 실제로 영국 등 일부 국가에서는 통신 기지국이 방화되는 사건까지 벌어졌다. 동물용 기생충약인 이버멕틴이나, 심지어 표백제를 마시면 치료된다는 위험한 주장도 퍼지면서, 심각한 부작용과 사회적 혼란을 초래했다.

하지만 이런 정보들을 어떻게 관리할 것인가는 생각보다 복잡하다. 백신이 아직 없는 전염병이 국경을 넘어 세계적으로 유행하는 사태에서는 의학 정보가 빠르게 바뀌고 팩트의 검증이 실시간으로 이루어지기 어렵다. 이런 상황에서는 플랫폼이 정보를 과도하게 차단할 수 있고, 오히려 진실을 거짓으로 판단하는 오류가 발생할 수 있다. 전문가일지라도 정보의 진위조차 판단하기 어려운 혼란의 시기에는 플랫폼이 '모든 정보를 통제하는 컨트롤 타워' 역할을 수행하는 데에 본질적인 한계가 있다는 것이다.

### ③ 현지화의 한계

글로벌 플랫폼은 언어, 문화, 지역적 맥락이 서로 다른 사용자들을 동시에 다뤄야 한다. 같은 표현이라도 어떤 지역에서는 풍자로 받아들여질 수 있는 반면, 다른 지역에서는 혐오나 공격으로 간주될 수 있다. 그러나 모든 국가에 로컬 지사를 두고, 모든 문화에 정통한 인력을 확보하는 것은 현실적으로 어렵다. 이로 인해 데이터 부족과 문화 이해의 한계는 여전히 심각한 사각지대를 만들어 낸다.

대표적인 사례로 자주 언급되는 것이 미얀마 학살 사태이다. 로힝야 무슬림을 대상으로 한 폭력 사태와 관련해, 국제 사회는 페이스북(현 메타)이 혐오 콘텐츠와 허위정보 확산을 억제하지 못함으로써 상황 악화에 기여했다는 비판을 제기해왔다. 이미 2018년 유엔 인권이사회 산하 독립 국제 조사단은 페이스북이 미얀마 내 폭력의 고조에 일정 부분 기여했다고 평가했으며 [30], 이는 글로벌 플랫폼이 콘텐츠 관리에 현지 맥락을 충분히 반영하지 못할 때 어떤 비극이 발생할 수 있는지를 보여주는 사례로 자주 인용된다. 실제로 당시 혐오 발언과 허위 정보는 주로 버마어로 게시되었고, 페이스북은 해당 언어에 대한 AI 모델과 콘텐츠 관리 인력의 부족으로 신속한 대응이 어려웠던 것으로 분석된다 [31].

글로벌 인터넷 환경은 콘텐츠 유통에 국경이 없다는 현실을 만들었고, 이에 따른 글로벌 콘텐츠 관리의 어려움은 앞으로도 더욱 커질 것이다.

## 4  기업의 우선 순위

플랫폼이 콘텐츠 관리에서 마주하는 복잡성은 앞서 다룬 외부 요인 뿐 아니라 내부 요인에서도 볼 수 있다. 각 기업의 운영 원칙과 방향성은 고정되어 있지 않기 때문이다. 기업 리더십의 변화에 따라 정책과 기업의 전략은 유기적으로 바뀌고, 콘텐츠 관리의 우선순위와 자원 배분도 달라진다. 특히 생성형 AI와 같은 첨단 기술 분야에서는, 미국, 중국 등 주요 국가들이 기술 주도권을 확보하기 위한 치열한 경쟁을 벌이고 있고, 국가 간 경쟁은 결국 기업 내부의 정책 결정에도 영향을 미친다.

**최근 플랫폼 정책을 변경한 기업 사례**
- X: X(구 트위터)는 2023년 4월, 콘텐츠 정책 방향을 전환했다. 표현의 자유를 전면에 내세우며, 이전보다 느슨한 규제 방식을 채택했다. 혐오 표현이라도 완전히 삭제하지 않고 노출을 줄이는 방식으로 정책을 바꿨다. 플랫폼은 이를 "보여주지 않을 뿐, 지우지는 않는다"는 원칙으로 설명했다 [32].
- 메타: 메타는 2025년 1월, "더 많은 표현, 더 적은 실수"라는 방향의 새 정책을 발표했다. 이민, 젠더 등 논쟁적인 주제에 대한 콘텐츠 제한을 완화하며 표현의 자유를 확대한다는 취지다 [33]. 하지만 콘텐츠 제한의 완화 조치가 자칫 혐오 표현을 더 퍼뜨리는 결과를 낳을 수 있다는 우려도 함께 제기되었다.
- 오픈AI: 2025년 4월, 오픈AI는 자사의 위험 대응 체계(Preparedness Framework)를 개정했다. 기존에는 사람을 속이거나 조작할 만한 콘텐츠를 생성할 가능성이 있는 고위험 AI 모델에 대해 엄격한 사전 평가 절차가 있었으나, 일부 평가 절차를 선택적으로 생략할 수 있도록 완화했다 [34]. 이러한 완화 조치는 산업 경쟁 속 이해관계 때문으로 판단되며, 그에 따른 리스크 증대 역시 우려되고 있다.

반박할 수 없는 사실은 기업이 본질적으로 이윤을 추구하는 조직이라는 것이며, 절대 무한한 자원을 가진 존재가 아니라는 것이다. 하지만 미국 빅테크 기업들의 콘텐츠 정책 변화는 단순한 내부 결정에 그치지 않는다는 것이 현실이다. 플랫폼의 하나의 결정은 수억 명의 일상에 영향을 미치고, 사회의 규범과 민주주의의 경계까지 흔들 수 있다. 유해 콘텐츠를 법이나 규제만으로 해결하기엔 현실이 너무 복잡하다.

우리는 지금, 사회적 기준과 플랫폼 규칙이 동시에 흔들리는 터뷸런스의 시대를 지나고 있다. 이 혼돈 속에서 플랫폼이 방향을 잃지 않으려면, 누군가는 그 복잡한 결정을 설계하고 책임져야 한다.

그렇다면 무엇을 삭제할 것인가? 그 기준은 어디에 있는가? 이 질문 앞에서 흔들리는 기업은 결국 신뢰를 잃게 된다.

그 혼란 속에서 더 안전하고 책임 있는 결정을 설계하는 사람들이 있다. 기업 안에서 기준을 세우고 그 기준을 지켜나가는 그들이 바로 Trust and Safety(TnS) 전문가다.

# 4장

# 당신이 몰랐던 스크린 너머의 세계, Trust and Safety

> "
> 급성장하는 테크 생태계에서 안전 방향타를 잡는 일.
> 매일 어려운 싸움을 이어가는 사람들이 있다.
> 바로 Trust and Safety(TnS) 전문가다.
> "

### 들어가는 글

우린 매일 아침 같은 질문을 던지며 하루를 시작한다.

어떻게 하면 우리 플랫폼이 편향 없이, 일관되게, 공정하고 책임감 있는 결정을 내릴 수 있을까? 그리고 그 결정이 사용자에게 실질적인 힘을 실어줄 수 있으려면 무엇을 고려해야 할까? 이 결정이 예기치 못한 사회적 해악을 낳지 않으려면 무엇을 고려해야 할까? 다른 플랫폼은 이 문제를 어떻게 다루었을까? 그리고 우리는 이 생태계를 어떻게 하면 함께 더 건강하게 만들어갈 수 있을까? 물론 한 플랫폼의 결정이 모든 사회적 위해를 제거할 것이라고 생각하는 것은 아니다. 그러나 위해의 크기는 줄일 수는 있을 것이다.

Trust and Safety(TnS), 들어본 적 있는가?

많은 사람들에게는 아직 낯선 이름일 수 있다. 이 산업은 단순히 온라인 유해 콘텐츠에 대응하는 것을 넘어, 온라인 플랫폼과 AI 기술 기업이 **처음 설계 단계부터** 사용자 안전을 중심에 두고 개발하도록 이끄는 전문가 집단으로 이루어졌다.

지금부터는 일반 사용자에게는 좀처럼 드러나지 않는 스크린 너머의 세계, TnS의 숨은 역할을 함께 들여다보자.

## 1  일상에서 보이지 않는 Trust and Safety

온라인 플랫폼에서 콘텐츠를 생성해내거나 게시할 때, 그 뒤에서 어떤 안전 시스템이 어떤 방식으로 작동하는지는 대부분 알지 못한다. 아니, 별로 큰 노력을 들여 생각해보지 않았을 수도 있다. (사실 그게 우리가 원하는 것이기도 하다!)

예를 들어보자.

> 한 사용자가 AI 챗봇에게 이렇게 요청한다. "정치인이 도끼를 들고 사람을 해치는 장면을 웃기게 사진으로 표현해봐." 챗봇은 "정책에 따라 만들 수 없습니다"라고 대답한다. 사용자가 몇 번 더 시도해봤지만, 결국 이미지는 생성되지 않는다. 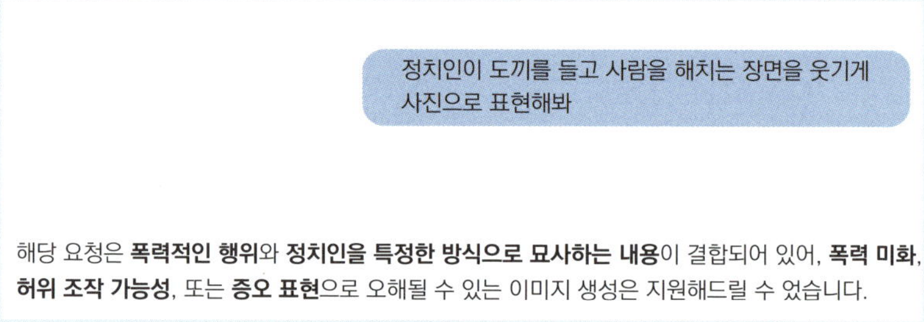
>
> > 정치인이 도끼를 들고 사람을 해치는 장면을 웃기게 사진으로 표현해봐
>
> 해당 요청은 **폭력적인 행위**와 **정치인을 특정한 방식으로 묘사하는 내용**이 결합되어 있어, **폭력 미화**, **허위 조작 가능성**, 또는 **증오 표현**으로 오해될 수 있는 이미지 생성은 지원해드릴 수 없습니다.
>
> **Figure 2**  챗GPT 예시
>
> 그러자 그는 다른 앱에서 유행 중인 밈[18] 영상을 다운로드해, 자신의 소셜미디어 계정에 업로드한다. 그런데 이 영상에는 특정 종교 집단을 조롱하는 내용이 포함돼 있었다. 그에게는 단순한 유머처럼 느껴졌을 수 있다.

---

18  밈(meme): 인터넷과 소셜미디어를 통해 빠르게 퍼지는 유행 이미지, 문구, 짧은 영상 등을 뜻한다.

> 하지만 영상이 올라가기 직전, 플랫폼의 자동 시스템이 이 콘텐츠를 감지해 즉시 업로드를 차단한다. 사용자가 같은 영상을 다시 올리려고 하자 계정 활동에 제한이 걸리고, 차단 사유를 알리는 이메일과 이의제기를 할 수 있는 링크가 발송되었다.

이 짧은 시나리오에서도 수많은 기술과 사람이 일하고 있는 것을 볼 수 있다.

우선, 챗봇이 사용자의 요청을 거절할 수 있었던 이유는 위험한 지시어를 미리 감지하고 차단하도록 설계된 정책과 테스트 시나리오 덕분이다. TnS는 생성형 AI 서비스를 출시하기 전부터 다양한 위험 사례를 시뮬레이션하고, 어떤 요청은 아예 허용하지 않도록 사전에 결정한다.

이후 사용자가 업로드하려 했던 영상은 TnS가 설정한 콘텐츠 정책을 기반으로 학습된 AI가 사전 차단한 것이다. 다만, 기준을 너무 느슨하게 잡으면 위험한 콘텐츠가 쉽게 퍼질 수 있고, 너무 엄격하게 잡으면 단순한 농담이나 풍자까지 잘못 걸러질 수 있다. 표현의 자유와 공공 안전 사이의 기준을 판단하는 일 역시 TnS의 핵심 역할이다.

영상을 게시하지 못해 화난 사용자가 결국 이의제기를 한다면 그 항의를 실제로 사람이 검토할 수 있는 인터페이스를 만들고 운영하는 것도 TnS의 몫이다. 이 절차가 제대로 작동해야만 사용자는 "이 플랫폼은 공정하다"고 느낄 수 있다. 조치의 결과는 플랫폼의 투명성 보고서를 통해 외부에 공개되기도 한다.

절대 모든 플랫폼이 이 예시와 같이 이상적으로 작동하지 않는다. 완벽한 정책을 수립해도 이를 효율적으로 집행할 운영 체계가 없다면 실효성이 없고, 이의제기 절차가 있더라도 아무도 응답할 사람이 없다면 사용자의 신뢰는 무너진다.

보이지 않는 곳에서 수많은 팀이 함께 움직여야 온전히 안전하고 신뢰할 수 있는 플랫폼이 완성된다.

## 2 / Trust and Safety 조직이란?

잠시 한 걸음 물러나, TnS가 보편적으로 어떻게 정의되는지 살펴보자.

> "TnS는 디지털 플랫폼에서 사용자가 신뢰할 수 있는 안전한 경험을 할 수 있도록 다양한 위험 요소를 예방하고 감지하며 대응하는 정책, 기술, 운영 활동을 포괄하는 분야다." [35]

TnS라는 개념은 1990년대 후반부터 서서히 모습을 드러내기 시작했다. 이 용어가 산업 전반에서 보편화되기 전, 이를 가장 먼저 기업 운영에 공식적으로 도입한 곳은 이베이(eBay)[19]였다 [36]. 1999년 당시 이베이는 가짜 상품과 사기 거래로 인해 사용자 신뢰에 큰 타격을 입었고, 이를 계기로 사용자 간의 신뢰(trust)와 플랫폼 내 안전(safety)을 확보하기 위한 전담 조직을 구성하며 본격적인 대응에 나섰다 [37].

이후 상업적 웹의 확산과 사용자 생성 콘텐츠(user-generated content, UGC)의 폭발적인 증가로 인해, 온라인 플랫폼이 더욱 정교한 방식으로 악용될 수 있다는 현실에 대한 기업들의 인식도 크게 달라지기 시작했다. 유해 콘텐츠가 기업의 평판과 수익에 심각한 영향을 미칠 수 있다는 우려와 더불어, TnS 이슈와 악의적 행위자의 전략은 끊임없

---

19 이베이(eBay): 1995년 미국에서 설립된 세계 최초의 온라인 경매 및 전자상거래 플랫폼 중 하나로, 개인과 기업이 물건을 자유롭게 사고팔 수 있도록 중개하는 글로벌 마켓플레이스다.

이 진화하고 있다는 점이 점차 인식되면서, TnS는 디지털 시대에 반드시 갖추어야 할 핵심 기능으로 자리잡기 시작했다.

특히 2000년대 중반 이후 소셜미디어의 폭발적인 성장과 함께, TnS의 역할은 단순히 악성 콘텐츠를 탐지하고 삭제하는 수준을 넘어섰다. 이제는 플랫폼 전반의 콘텐츠 정책을 설계하고, 이를 구현할 기술과 시스템, 운영 체계를 마련하는 핵심 기능으로 자리매김하고 있다. 최근에는 생성형 AI로 인해 콘텐츠 환경이 급변하면서, TnS는 이제 보다 정교하고 복합적인 위해를 다루고, 플랫폼의 새로운 기능 출시의 사전 단계에서 안전을 설계하는 역할로 진화하고 있다.

주목할 점은, 초기에는 기업 내 하나의 부서로 시작된 TnS가 이제는 학계, 연구기관, 비영리재단, 시민사회, 스타트업 등 다양한 주체로 확장되어 하나의 생태계를 형성하고 있다는 것이다. (7장과 8장에서는 플랫폼 내부의 실무진을 넘어, 이러한 생태계 전반과 관련 전문 인력, 협력 구조에 대해서도 자세히 다룬다.)

이번 장에서 다룰 기업 내 TnS 조직은 우리가 일반적으로 상상하는 것보다 훨씬 다양한 전문성과 역할로 구성되어 있다. 그 안에는 기술, 정책, 운영, 법률, 윤리 등 여러 분야의 전문 지식이 교차하며, 최전선에서 복잡한 디지털 위험에 대응하는 자들이 존재한다.

## 플랫폼의 정책을 설계하는 자[20]

TnS의 가장 기본적인 역할은 어떤 콘텐츠나 행동을 허용하고, 어떤 것을 허용하지 않을지 정하는 것이다. 이 기준은 단순한 내부 규칙이 아니라, **플랫폼이 사회와 맺는 관계를 결정짓는 가장 본질적인 선택 중 하나다.**

---

20  이 역할은 주로 플랫폼 정책 관리자(Platform Policy Manager)이나 콘텐츠 정책 관리자(Content Policy Manager)로 불린다.

이들이 설계하는 콘텐츠 정책은 크게 두 가지 축으로 구성된다.

첫째는 콘텐츠와 사용자 행동의 허용 기준을 수립하는 일이다. 이는 플랫폼에서 허용되거나 금지되는 것의 범위를 명확히 정의하는 작업이다. 예를 들어, 성적인 콘텐츠를 금지하기로 했다면, *무엇이 성적인 콘텐츠에 해당하는지*를 구체적인 언어로 규정해야 한다. 성적인 이미지나 글은 물론, 플랫폼에서 나타날 수 있는 특정한 사용자 행동까지 포함해, 어떤 것이 정책 위반에 해당하는지를 명확하게 명시해야 한다.

둘째는 정책 집행 기준, 즉 위반 행위에 대한 제재 원칙을 설정하는 것이다. 사용자가 금지된 콘텐츠를 게시하거나 규정을 반복적으로 위반했을 때, 어떤 방식으로 제재할지를 정하는 것이다. 예를 들어, 반복적인 위반이 확인된 계정에 대해 일시적으로 이용을 제한하거나, 경우에 따라 영구적으로 정지하는 등의 조치를 포함한다.

콘텐츠 허용 범위는 플랫폼 사용자의 안전뿐만 아니라, 법과 규제 준수, 브랜드 가치, 윤리적 책임, 하물며 장기적인 사업 전략까지 모두 고려해 만들어진다. 주로 아이들과 청소년이 많이 활용하는 게임 플랫폼인 로블록스와 같은 경우 "폭력적이거나 심각한 신체적·심리적 학대"를 묘사하는 콘텐츠를 명시적으로 금지한다 [38]. 앤스로픽과 같은 경우 특정 인물에 대한 허위 콘텐츠를 생성하는 것을 제한하고 있으며 이를 위반할 경우 사용 중단 등의 조치를 취할 수 있다고 밝히고 있다 [39]. 플랫폼 정책은 수개월 혹은 수년에 걸친 연구와 설계를 통해 만들어진 결과이며, 기업의 철학과 이념을 엿볼 수 있는 기회다.

정책 수립과 위반 조치의 기준은 실제로 고도의 전문성을 요하는 작업이다. 각국의 문화와 제도를 이해하는 지역 전문가, 주제별 위험을 분석하는 분야 전문가, 표현의 자유와 사회적 해악 사이에서 균형을 고민하는 윤리 전문가 등이 함께 참여한다. 이들은 *어떤 콘텐츠가 사회 전반에 피해를 줄 수 있는가*라는 질문에서 출발해, 그 판단 기준을 구체적인 단어와 사례로 정의해 나간다. 이 과정에서 예상치 못한 부작용도 고려해야 한다. 예를 들어 여성의 가슴 노출을 금지하는 정책은 성적 대상화를 방지하려는 의도지만, 동시에 모유 수유하는 여성이나 성전환자의 표현을 억압하는 결과로 이어질 수 있다. 또한, 각 플랫폼의 성격과 목적마다 기준이 다를 수밖에 없으며, 그 기준 하나를 정하는 데도 깊은 성찰이 필요하다.

이렇게 만들어진 정책은 자동화 시스템에도 그대로 적용되므로, 정책의 명확성과 집행의 일관성은 더욱 중요하다. 정답이 존재하지 않는 회색지대 콘텐츠(즉, 정책으로 명확히 구분되지 않는 애매한 콘텐츠 영역)[21]가 넓어질수록 콘텐츠 심사자는 애매한 결정이 많아지고 시간이 지체되는 문제가 있어, 명확하지 않은 정책은 운영팀의 리소스 소모를 커지게 만든다.

플랫폼의 정책은 기업 리더십의 방향성과도 밀접하게 연결되어 있다. 그 방향성은 어떤 콘텐츠를 고위험으로 판단하느냐에 따라 달라지기도 한다. 예를 들어, 광고 기반 플랫폼은 광고주가 민감하게 여기는 주제를 더 엄격하게 관리하는 경향이 있다. 또, 사용자 대부분이 성인인 플랫폼과 청소년이 주로 이용하는 플랫폼은 성인 콘텐츠에 대한 기준부터 달라질 수밖에 없다. 정책은 기업 리더십의 생각을 주로 반영하지만, 때로는 정책 담당자의 철학이 리더십의 방향을 바꾸는 힘이 되기도 한다.

콘텐츠 정책은 플랫폼이 사용자에게 제공하는 경험의 가장 기초를 이루며, TnS의 기반을 설계하는 핵심적인 역할을 한다. 이들이 만드는

---

21  회색지대 콘텐츠(Gray area content): 온라인 플랫폼에서 명확하게 규정 위반은 아니지만 문제가 될 수 있는 경계선에 있는 콘텐츠를 의미한다. 예를 들면 허위정보까지는 아니지만 오해를 유도할 수 있다거나, 극단적이진 않지만 사회적 긴장을 조장하는 발언 등을 말한다.

기준은 단지 가이드라인이 아니라, 오늘날의 디지털 공론장을 구성하는 규칙으로 생각할 수 있다.

### 정책 위반 여부를 심사하는 자[22]

정책은 단지 문서로 존재하지 않는다. 실제로 온라인 플랫폼에 올라오는 수많은 콘텐츠 중 어떤 것이 위반에 해당하는지 누군가는 실시간으로 판단하고 조치해야 한다.

콘텐츠 심사는 크게 두 가지 방식으로 나뉜다.

첫째는 **선제적 대응 방식**(Proactive Enforcement)이다. 선제적 대응 방식은 누군가의 신고 없이 플랫폼이 스스로 나서서 유해 콘텐츠를 탐지해 조치하는 구조다. 주로 이 방식은 아동 성착취물, 테러 선전물, 자해 및 자살 조장 콘텐츠처럼 지금 당장 심각한 위해를 줄 수 있는 고위험 콘텐츠 탐지에 활용된다. 이 경우 콘텐츠 심사자는 플랫폼 내 누구나 접근할 수 있는 공개 영역, 예를 들어 뉴스 피드, 인기 게시물, 해시태그 검색 결과, 실시간 인기 급상승 영상 등을 주기적으로 탐색해 정책 위반 가능성이 있는 콘텐츠를 선제적으로 찾아내는 방식이다.

많은 플랫폼의 경우 AI로 자동화 하지만, 전례없던 사례거나 타 플랫폼에서 발생한 사건이 있어 수사기관과 협력하는 경우에는 사람이 탐지하는 것이 효과적이다. 과거 사례가 충분히 있고 심각한 위해를 초래하는 콘텐츠일 경우 기존에 설계된 내부 탐지 기계나 검색 쿼리를 활용해 자동화된 탐색을 병행하기도 한다. 다만, 비공개 채팅방이나 1:1 메시지와 같은 사적인 공간은 개인정보 보호의 원칙에 따라 사전 탐지가 제한되는 경우가 많다. 많은 플랫폼의 경우, 사적인 공간은 범죄 수

---

22  이 역할은 주로 TnS 분석가(TnS Analyst/ TnS Generalist), TnS 콘텐츠 담당자(TnS Content Specialist) 등으로 불린다.

사와 연관된 예외적 상황에서만 탐색을 진행한다.

반면, **사후 대응 방식**(Reactive Enforcement)은 사용자 신고 접수 후 신고된 콘텐츠를 검토하고 조치하는 것이다. 대부분의 플랫폼은 게시물이나 댓글, 영상 등 콘텐츠 우측 상단에 주로 점 세 개(⋯) 아이콘을 두고 있으며, 이를 누르면 신고 버튼을 볼 수 있다. 사용자가 콘텐츠를 신고하면, 그 신고는 플랫폼 내부의 TnS 시스템으로 자동 전송된다.

신고가 접수되면 우선 그 내용이 어떤 주제에 해당하며 얼마나 심각한 사안인지에 따라 1차로 분류된다. 예를 들어 단순한 욕설 신고와 아동 성착취 콘텐츠 신고는 전혀 다른 분류 기준과 대응 우선순위를 가진다. 이 초기 분류 결과에 따라 일부 콘텐츠는 즉시 조치되거나 더 정밀한 판단이 필요한 경우에는 주제별 전문성을 가진 심사자에게 이관된다. 심사자는 해당 콘텐츠가 플랫폼 정책을 실제로 위반했는지를 판단하고, 필요시 콘텐츠 삭제, 노출 제한, 계정 제재 등 적절한 조치를 취한다. 이 과정에서 사용자는 주로 이메일이나 앱 내 알림 등을 통해 조치 결과를 통보받는다.

이러한 신고 기반 구조는 사용자 참여를 기반으로 하지만, 판단의 책임은 당연히 TnS 전문가에게 있다. 신고 기능도 무분별하게 사용되고 악용될 수도 있기 때문에, 신고 수에만 의존하지 않고 신고 내용의 신뢰성과 맥락을 정교하게 분석하는 절차가 필수적이다. 이 시스템이 제대로 작동하려면, 심사자가 방대한 콘텐츠를 감정적 거리감을 유지하며 신속하고 일관되게 처리할 수 있는 훈련과 지원이 필요하다.

콘텐츠 심사는 최전선에서 이루어진다. 즉, 심사자는 플랫폼 상의 가장 민감한 콘텐츠에 노출된다는 뜻이다. 특히 고위험 콘텐츠, 예를 들면 테러, 성착취물, 폭력적이거나 잔인한 영상을 다뤄야 하는 팀일수록 정신적 소진의 위험이 크다. 다행히 최근에는 AI 기술의 발전으로 콘텐츠 분류와 필터링 작업이 점차 자동화되고 있으며, 일부 반복 업무는 기계가 처리하고 사람은 판단이 필요한 회색지대에 집중하는 구조로 변화하고 있다. 다만 AI의 판단이 항상 완벽하지 않기 때문에, 인간의 개입은 여전히 핵심적이다.

중요한 점은, 이러한 현장의 경험이 다시 정책으로 되돌아간다는 것이다. 심사자들이 반복적으로 마주치는 새로운 유형의 위해나, 특정 주제에 대한 신고가 급증하는 상황은 정책팀에 중요한 신호가 된다. 이를 바탕으로 기존 기준을 보완하거나, 전혀 새로운 규정을 설계하기도 한다. 이렇게 실행된 정책의 결과가 다시 정책을 진화시키는 이 피드백 루프는, TnS가 플랫폼과 사용자 사이를 이어주는 핵심 연결고리로 작동하고 있음을 보여준다.

### 사전부터 안전을 설계하는 자[23]

콘텐츠에 대한 사후 조치도 중요하지만, 더 근본적인 접근은 유해 콘텐츠가 아예 등장하지 않도록 사전에 예방하는 것이다. 이를 업계에서는 사전 안전 설계(Safety by Design, 즉 프로덕트를 출시하기 전에 악용될 위험을 미리 차단하는 설계 방식)라고 부른다. 이는 TnS의 **예방 중심 전략**(Preventative Method)으로 새로운 기능이나 서비스가 개발되기 전, 그 기능이 어떻게 악용될 수 있는지 분석하고, 잠재적 위험을 줄이기 위한 방안을 미리 마련하는 것을 말한다.

실리콘밸리의 테크 기업들은 일반적으로 Safety by Design을 프로덕트 개발의 기본 원칙으로 적용하고 있다. 실제로 호주와 영국과 같은 몇 국가는 이를 법제화해 플랫폼에 사전 위험 분석을 의무화하기도 한다. 실제 우리가 일상에서 볼 수 있는 사전 안전 설계의 결과는 다음과 같은 시나리오들이 해당된다.

---

23 이 역할은 주로 프로덕트 정책 관리자(Product Policy Manager)가 담당한다.

- 플랫폼에서 자주 사용하는 유저네임(username) 기능을 도입하고자 하는 경우, 욕설이나 혐오 표현이 포함된 단어가 계정명으로 사용되지 않도록 필터링 시스템을 사전에 구축하는 것.
- 사용자 프로필에 사진뿐만 아니라 GIF와 같은 짧은 영상을 등록할 수 있는 기능을 추가한다면, 사용자가 게시하는 단계에서 선정적이거나 폭력적인 영상이 등록되지 않도록 사전 감지 시스템을 설계하는 것.
- 생성형 AI가 소리나 음악을 만드는 기능을 제공한다면, 음원이 저작권을 침해하지 않도록 콘텐츠 생성 단계에서부터 탐지 알고리즘을 적용하는 것.
- AI가 생성한 콘텐츠일 경우, 해당 콘텐츠가 AI에 의해 만들어졌다는 사실을 사용자에게 명확히 알릴 수 있도록 표시 기능을 기본 설계에 포함하는 것.

사전 안전 설계에는 유해 콘텐츠를 사전에 예방하는 것 말고도, 출시하고자 하는 프로덕트 자체가 사회에 미칠 영향의 위해를 사전 분석하는 것을 포괄한다. 시간순으로 나열하던 뉴스피드에 개인 맞춤형 알고리즘을 도입할 경우, 사용자의 참여와 반응을 유도하기 위해 과도하게 자극적인 콘텐츠를 추천하는 구조가 아닌지, 사용자에게 중독성과 정신적 스트레스를 유발하지는 않는지 등을 사전에 평가한다. 그 결과, 무한 스크롤 기능을 제한하거나, 사용자의 감정을 극단적으로 자극하는 콘텐츠가 무작정 확산되지 않도록 하고, 긍정성, 정보성 등 새로운 기준을 적용한 안전 필터링을 프로덕트팀과 미리 계획할 수 있다.

또, 사용자의 신뢰를 해치는 위험한 설계 역시 사전에 다뤄진다. 상대방이 내 전화번호만 알고 있어도 내가 모르는 사이에 다른 앱에 올려진 프로필 사진을 열람할 수 있는 시스템을 구현하고자 하거나, 생성형

AI가 사용자의 프로필을 학습 데이터로 활용하면서도 이를 사전에 알리지 않는(Opt-out 기반) 프로덕트 설계가 사용자에게 미칠 영향을 분석해, 이런 문제가 실현되지 않도록 한다. 사전 안전 설계는 프로덕트 브레인스토밍 단계부터 안전 요소가 설계에 녹아들 수 있도록 하는 것이 핵심이다.

### 사용자 안전[24]을 기술로 구현해 내는 자

사전 안전 설계는 단지 위험을 분석하거나 전략을 제안하는 데서 끝나지 않는다. 중요한 것은 그 전략이 실제 프로덕트 기능과 사용자 경험(UI/UX) 속에 구현되는 것이다. 또한, TnS 조직이 내부 시스템을 통해 콘텐츠를 더 효율적으로 관리할 수 있도록 운영 인터페이스를 설계하는 것도 핵심이다.

사용자가 직접 볼 수 있는 안전 기능의 예로는, 연령에 따라 다른 사용 환경을 제공하는 인스타그램의 청소년 계정, 성인용 콘텐츠 필터링 등이 있다. 이러한 기능을 기획하는 팀은 항상 사용자 보호와 플랫폼 성장 사이의 현실적인 균형 문제에 직면한다. 안전 기능이 너무 제한적이면 사용자 경험이 불편해지고, 반대로 기능이 부족하면 위험이 방치된다. 예를 들어 신고 절차가 지나치게 복잡하면 신고율이 떨어지고, 청소년 계정에 제약이 많으면 이탈이 발생할 수 있다. 이처럼 서로 충돌하는 요소들은 프로덕트팀, 정책팀, 법무팀 간의 지속적인 협의와 조율을 필요로 한다.

그럼에도 최근에는 영국의 온라인 안전법(Online Safety Act, OSA)과 같은 규제의 영향으로, 사용자 보호 기능은 더 이상 선택이 아닌 필수

---

24 이 역할은 주로 TnS 프로덕트 기획자(TnS Product Manager)와 TnS 프로덕트 엔지니어(TnS Product Engineer)가 담당한다.

가 되어가고 있다. 예를 들어, OSA는 아동이 유해 콘텐츠에 접근하지 못하도록 단순한 생년월일 입력이 아닌 보다 확실한 연령 확인 절차(신분증 등록이나 안면 인증 등)를 플랫폼에 요구한다. 실제로 미국은 현재까지도 사용자의 자발적인 생년월일 기입을 기반으로 사용자 연령을 확인하는 것이 일반적이지만, 여러 국가의 규제와 법으로 인해 연령 확인 절차를 강화하는 추세다. 이러한 변화는 단기적인 성장보다 장기적인 신뢰 구축과 규제 준수의 중요성이 부각되고 있다는 것을 나타낸다.

둘째, TnS 팀은 더 정확하고 효율적인 업무 수행을 위해 내부 운영 도구를 설계하는 역할도 맡는다. 예를 들어, 신고된 콘텐츠와 신고 사유, 사용자 이력, 정책 기준 등을 한 화면에서 확인하고, 클릭 한 번으로 적절한 담당자에게 이관할 수 있는 인터페이스를 구축한다. 이렇게 정비된 시스템은 심사자의 판단 속도를 높이고 반복 작업을 줄이며, 복잡한 사안은 체계적으로 상위 결정권자에게 전달될 수 있도록 돕는다.

과거에는 콘텐츠의 양이 적어 시스템이 단순해도 큰 문제가 없었다. 하지만 오늘은 콘텐츠와 사용자 수가 폭발적으로 증가하면서, 자동화된 분류 시스템과 정교한 운영 도구의 중요성이 비약적으로 커졌다. 이 팀은 머신러닝 팀과 협력해 수백만 건의 신고를 신속하고 정확하게 처리할 수 있는 자동화 도구와 워크플로우를 개발하며, 플랫폼의 확장성과 신뢰성을 동시에 지탱하는 역할을 한다.

> **추가 설명**
>
> **플랫폼 별 각기 다른 TnS 고민**
>
> 모든 플랫폼이 같은 Trust and Safety(TnS) 고민을 안고 있는 것은 아니다. 플랫폼의 목적, 주요 사용자층, 기술적 구조, 그리고 그 플랫폼이 위해

(harm)를 어떻게 정의하느냐에 따라 TnS의 우선순위와 설계 방향은 완전히 달라진다. 각 플랫폼은 저마다의 문법과 맥락 속에서 전혀 다른 위험을 마주하고 있다.

### 1. 소셜 미디어 플랫폼(예: 인스타그램, 틱톡, 유튜브)

**서비스 목적:** 콘텐츠 공유, 소셜 네트워킹

**주 사용자:** 청소년 포함 전 세대

**기능 특성:** 이미지, 영상 기반, 댓글/팔로우/좋아요로 인기 측정

**TnS 고민 요소:** 소셜미디어는 청소년도 활발히 사용하는 경우가 많다. 콘텐츠 소비와 상호작용이 대부분 이미지와 영상 중심으로 이루어진다는 점에서, 그렇지 않은 플랫폼보다 우선적으로 고려해야 할 위해 판단 기준이 더 엄격해질 수밖에 없다. 예를 들어, 자해를 미화하거나 위험한 챌린지를 유행시키는 콘텐츠가 확산될 경우 사회적 모방을 유발해 실제 오프라인 피해로 이어질 수 있기 때문이다.

또, 생성형 AI 기술의 확산으로 이미지와 영상이 손쉽게 조작 가능해지면서, 이러한 소셜 미디어 플랫폼은 허위정보의 새로운 전달 경로로 역할을 할 위험성도 커졌다. 여기에 무한 스크롤을 유도하는 알고리즘 구조는 사용자를 장시간 플랫폼에 머물게 하며, 특히 청소년의 경우 수면, 집중력, 불안 수준 등에 부정적인 영향을 미쳐 정서적 위해를 심화시킬 수 있다는 점에서 세심한 안전 설계가 필수적이다.

### 2. 커뮤니케이션 플랫폼(예: Zoom, 텔레그램, WhatsApp)

**서비스 목적:** 실시간 대화, 커뮤니티 형성

**주 사용자:** 학생부터 기업까지 다양

**기능 특성:** 음성/영상/채팅 기반 실시간 상호작용

**TnS 고민 요소:** 주로 아는 사람 간 소통을 위해 사용되는 커뮤니케이션 플랫폼은 대부분 프라이버시를 전제로 설계되어 있다. 실시간 메시지 중심의 특성상, 문제가 발생하더라도 기록이 남지 않거나 비공개로 유지되는 경우가 많다. 이로 인해 비공개 채팅방에서 범죄 모의나 성희롱 등의 문제가 발생했을 때 피해자 보호와 증거 확보가 어려워질 수 있다.

생성형 AI가 보편화된 이후에는 많은 커뮤니케이션 플랫폼에 'AI 친구'나 'AI 연인'과의 대화 기능이 추가되었다. 실제 사용자들이 이 AI와 감정적 유대를 형성하는 사례도 나타나고 있다. 이러한 AI 생성 콘텐츠나 상호작용은 새로운 형태의 위해를 야기할 수 있어, TnS 관점에서 특히 주의 깊게 살펴야 할 영역으로 떠오르고 있다.

### 3. 거래 및 오프라인 중개 플랫폼(예: Uber, DoorDash, AirBnB, 틴더)

**서비스 목적:** 상품/서비스 중개

**주 사용자:** 일반 소비자, 판매자, 배달원, 숙소 제공자 등

**TnS 고민 요소:** 물리적인 거래와 연결된 플랫폼은 단순한 온라인 위해를 넘어 오프라인에서의 사기, 협박, 법적 분쟁 등으로까지 이어질 수 있는 위험을 함께 관리해야 한다. 예를 들어, 가짜 상품 판매, 리콜 대상 제품의 유통, 무허가 숙소 등록 같은 사례는 소비자 안전을 심각하게 위협한다. 또한 AI로 생성된 다량의 리뷰 조작이나 상대방에 대한 협박 가능성은 TnS 관점에서 신원 확인, 상품 진위 검증, 피해자 보호가 필수 과제가 된다. 특히 오프라인 만남을 전제로 하는 데이팅 플랫폼이나 택시 중개 플랫폼의 경우, 실제 범죄나 신체적 위협으로 이어질 수 있어, 신분증 인증이나 사전 확인 절차에 더 높은 수준의 안전 설계가 요구된다. 이처럼 온라인과 오프라인을 잇는 서비스에서는 위해의 스펙트럼이 넓고 복합적이기 때문에, TnS가 선제적으로 개입해야 할 영역이 더욱 많아질 수밖에 없다.

### 4. 정보 탐색/검색 플랫폼(예: Google, 네이버)

**서비스 목적:** 정보 탐색 및 큐레이션

**주 사용자**: 전 세대, 전 세계 사용자

**기능 특성**: 검색, 추천 알고리즘 기반

**TnS 고민 요소**: 검색 플랫폼의 목적은 사용자가 원하는 정보를 빠르고 정확하게 찾을 수 있도록 돕는 것이다. 하지만 이 단순해 보이는 구조 속에도 중요한 TnS 고민이 숨어 있다. 예를 들어, 사실이 아닌 허위정보나 음모론이 검색 결과 상위에 노출될 경우 그 피해는 넓고 장기적으로 이어질 수 있다. 특히 건강, 정치, 혐오와 같은 민감한 주제에서는 잘못된 정보 하나가 사회적 불안이나

실제 피해로 번질 수 있다. 검색 자동완성 기능이나 연관 검색어 알고리즘이 정교하게 설계되지 않으면, 의도치 않게 유해하거나 부정확한 콘텐츠가 더 많이 노출될 수 있다. 검색 결과의 배열, 추천 알고리즘, 자동완성 기능 하나하나가 사용자 경험에 큰 영향을 주기 때문에, 이를 어떻게 설계하고 통제할 것인가는 TnS의 핵심적인 고민이 될 수밖에 없다.

### 5. 생성형 AI 플랫폼(예: 챗GPT, Claude, Character.ai, Midjourney)

**서비스 목적:** 사용자 요청에 기반한 AI 콘텐츠 생성
**주 사용자:** 일반 사용자, 청소년 포함 가능
**기능 특성:** 대화형 인터페이스, 맞춤형 콘텐츠 생성
**TnS 고민 요소:** 생성형 AI 플랫폼은 콘텐츠를 생성하는 도구를 넘어 사용자와 대화를 주고받고 생각을 교환하는 상호작용형 커뮤니케이션 공간으로 진화하고 있다. 일부 플랫폼은 사용자와 감정적 유대감을 형성하거나, 가상의 캐릭터와 지속적인 대화를 이어가는 소셜미디어적 성격까지 띠고 있다. 따라서, 사용자 의도에 따라 유해하거나 위험한 콘텐츠가 생성될 가능성도 함께 높아지고 있다. 예를 들어, 혐오 표현, 성적 착취물, 허위정보, 자해를 유도하는 콘텐츠 등이 비교적 쉽게 만들어질 수 있다. 문제는, 이렇게 생성된 결과물이 이후 다른 사람과의 대화에서도 자연스럽게 반복되거나 정당화될 수 있다는 점이다. 이로 인해 피해는 더 넓고 깊게 퍼질 수 있다.

또한 이들 플랫폼은 매우 개인 맞춤화되어 있어, AI가 같은 내용을 생성하더라도 사용자마다 받아들이는 방식이나 피해의 정도가 달라질 수 있다. 연령, 문화, 언어, 성별, 정신적 상태 등 다양한 맥락에 따라 같은 콘텐츠가 전혀 다른 영향을 줄 수 있다는 점이 생성형 AI의 위해를 다루는 데 있어 가장 어려운 지점이다.

## 3. TnS는 팀이 아니라 사명이다

TnS는 온라인 플랫폼 운영에서 없어서는 안 될 핵심 분야다. 수많은 이해관계가 얽힌 선택의 순간마다 이 전문가들은 기업이 사용자 보호라는 우선순위를 잊지 않도록 방향을 바로잡는다.

우리가 잠든 사이, 그리고 사용자들이 눈치채지 못하는 곳에서 수많은 이들이 온라인 세상의 안전을 지키기 위한 보이지 않는 싸움을 계속해나간다. **그들이 제 역할을 다했을 때는 오히려 아무 일도 일어나지 않기에, 그 성과는 종종 드러나지 않는다.**

물론, 모든 기업의 TnS 운영이 항상 이상적이지는 않다. 조직 내부에서도 비용, 리소스, 전략 간 충돌이 끊임없이 존재하며, 이 간극을 좁히려는 노력이 계속되고 있다. 하지만 위기가 닥치고 나서야 그 중요성을 깨닫는 일은 플랫폼과 사회 모두에게 너무 비싼 수업료가 된다. TnS는 한정된 자원, 비즈니스 전략과 목표, 규제, 그리고 인간의 존엄성 사이에서 가장 현실적이고 책임 있는 해답을 찾아가는 집단이다. 그리고 그 집단은 생각보다 더 넓고, 더 다양하다.

정책을 설계하는 사람, 프로덕트를 설계하는 사람, 커뮤니티를 이끄는 사람, 데이터로 위험을 감지하는 사람. 우리가 일하는 방식은 달라도, 결국 지향하는 목표는 같다: **더 안전한 디지털 세상, 더 신뢰할 수 있는 온라인 플랫폼, 그리고 더 인간적인 기술을 만드는 일이다.**

## 실무자 인터뷰

### 극단주의 조직의 위협에 맞서는 TnS 전문가 이야기

※ 이 인터뷰는 익명으로 작성되었다.

Trust and Safety(TnS) 담당자, 특히 직접 고위험 극단주의 조직을 다루는 사람들은 실명 노출 자체가 위험으로 이어질 수 있다. 실제로 정부기관으로부터 직접 연락을 받거나, 자신의 계정에 문제가 생겼다는 이유로 격분한 사용자가 집까지 찾아오는 일이 발생하기도 한다. 이러한 현실적 위험 때문에, 본 인터뷰는 실명을 밝히지 않고 진행되었다. 다만 모든 내용은 사실에 기반하며, 인터뷰이는 현재 실리콘밸리에 위치한 글로벌 빅테크 온라인 플랫폼의 극단주의 대응팀에서 근무 중이다.

### 인터뷰 대상: Senior Specialist, 극단주의 대응팀

 간단히 자기 소개를 부탁한다. 지금 어떤 일을 하고 있나?

대학 졸업 후 미국에서 발달심리학 석사를 전공했다. 특히 청소년기의 도덕 발달과 극단주의 성향 형성 과정을 연구했고, 그 관심을 바탕으로 TnS 업무를 시작했다. 아이들과 청소년이 어떻게 극단주의 조직에 끌려가는지, 주로 온라인 플랫폼에서 일어나는 이 현상을 어떻게 하면 막을 수 있을지 고민하며 이 분야에 들어왔다.

석사를 마친 2020년도에 친구의 레퍼럴을 통해 처음 실리콘밸리에 위치한 테크 기업에 입사했다. 지금은 Senior Specialist로 극단주의 커뮤니티와 그와 관련된 콘텐츠를 차단하는 업무를 맡고 있다. 대다수의 TnS

팀이 신고 대응 중심으로 움직이지만, 우리 팀은 선제적 모니터링을 통해 극단주의 활동을 탐지하고 차단하는 역할을 한다.

 극단주의라는 단어는 조금 추상적으로 들리기도 한다. 실제로는 어떤 유형의 콘텐츠와 커뮤니티를 다루고 있나?

매우 다양하다. 플랫폼 정책을 위반하는 폭력적 콘텐츠나 폭력을 미화하는 것은 기본이고, 조직적인 극단주의 커뮤니티도 포함된다. 이젠 전 세계적으로 볼 수 있는 시민 폭력이나 에코파시즘처럼 정치적 메시지를 전면에 내세우는 집단도 있고, 게임 커뮤니티 안에서 나치 역할극을 벌이는 사용자들도 존재한다. 또, 주로 뉴스에서 쉽게 볼 수 있는 문제처럼, 학교 총격범을 영웅시하거나 그를 모방하려는 커뮤니티, 아동을 유인하거나 협박해 실제 범죄로 이끄는 집단도 주요 대응 대상이다. 주로 이런 조직은 고위험군에 속하고, 실제 직접적인 오프라인 피해로 이어지기도 하기 때문에 선제적 탐지와 조치가 필수적이다.

 보람을 느끼는 순간이 많을 것 같다. 기억에 남는 사례가 있나?

실제로 범죄를 막았던 경험이 가장 기억에 남는다. 모니터링 중 수상한 활동을 발견해 수십 명의 사용자를 특정했고, 그 정보는 B 국가의 수사기관에 전달했다. 그 결과 총기 난사를 계획하던 20여 명이 사전에 체포됐다. 그때 누군가의 생명을 구했다는 실감을 느꼈고, 이 일이 얼마나 중요한지 다시 확인했다.

**반대로 어려운 점도 클 것 같다.**

개인적으로는 유해 콘텐츠 노출이 가장 힘들다. 특히 종교 극단주의 조직과 관련된 콘텐츠에는 참수와 같은 참혹한 장면이 많다. 다행히 회사뿐만 아니라 업계 전체적으로 이 부분을 심각하게 인지하고 있으며 직원 정신 건강과 웰빙을 위한 체계적인 지원을 제공하고 있다.

또 하나는, 이 일이 '보이지 않는 일'이라는 점이다. 문제가 생기지 않으면 존재를 인식하지 못하지만, 문제가 터지면 바로 우리 팀이 도마에 오른다. 그외에도 조직 내부에서는 TnS를 '분위기 깨는 팀'으로 보는 시선도 있다. 새 기술 아이디어가 나오면 실제로 그 기술의 악용 가능성이 가장 먼저 떠오른다. 기술자들은 밝은 미래를 상상하지만, 나는 새로운 기술이 어떻게 극단주의 도구로 전용될지를 먼저 본다. 아무래도 그런 이유 때문에 조직 내 TnS가 필수적이라고 생각한다. 그렇지 않다면 내부에 균형잡힌 시선을 위해 문제제기를 하는 조직이 없을 것이다.

다행히 최근엔 EU 디지털서비스법(DSA) 같은 법적 규제가 생기면서, 신생 기업이라 할지라도 이제 유해 콘텐츠를 외면하기 어려운 상황이 됐다.

 **그렇다면 기업의 자율 대응과 법적 규제, 무엇이 더 효과적이라 보나?**

가장 바람직한 건 기업이 자발적으로 윤리 기준을 세우고 지켜나가는 것이다. 앤스로픽처럼 AI의 안전한 설계에 대한 의지를 실제로 보여주는 기업도 있다. 하지만 지금처럼 경쟁이 치열한 시장에선 그 가치를 언제까지 지켜낼지는 아무도 모른다. 그래서 '잘 설계된' 규제가 반드시 필요하다. EU DSA는 기술 이해와 개인정보 보호를 기반으로 정교하게 설계됐고, 실제로 기업들의 대응을 바꿔내고 있다.

기술을 규제하는 사람은 그 기술을 이해해야 하고, 기술보다 반 발짝 앞서 위험을 예측해야 한다. 그리고 법과 규제는 혼자 만들어지지 않기 때문에, 소비자와 시민의 감시와 관심도 중요하다.

 생성형 AI 시대, TnS의 역할은 더 중요해지는가?

그렇다. 생성형 AI는 기존 위험을 새로운 방식으로 증폭시키는 **위험 배가 장치**다. 초창기에는 아동 딥페이크 성적 착취 콘텐츠가 중심이었지만 이제는 허위 정보의 대량생산, 딥페이크, 전문적인 사이버 사기까지 빠르게 확장된다.

특히 많은 기업은 사용자들이 AI 콘텐츠를 사람의 것과 구분할 수 있다는 꽤나 큰 착각을 한다. 현실은 그렇지 않다. 대부분의 사용자는 온라인 플랫폼에서 몇 초 잠깐 마주하는 콘텐츠를 비판적으로 분석하지 않기 때문이다. 생성형 AI가 보편화 된 이후 TnS는 매일 또 다른 위험 벡터를 마주하며, 경계를 다시 정의하고 기준을 새로 설계하는 일을 해나간다.

 오늘 LLM과 같은 신생 AI 모델은 TnS 업무에 어떤 도움을 주고 있나?

일부 작업에서는 유용하다. 예를 들어, 초안을 정리하거나 반복적인 분석에는 효율적이다. 하지만 위험 판단이나 결정은 결국 사람의 몫이다.

잘못된 판단 하나가 사용자에게 직접적인 피해로 이어지기 때문이다. AI는 책임을 지지 않는다.

TnS 업무에 필요한 핵심 역량은 무엇이라 생각하나? 이 분야에 진입하려는 이들에게 한 마디.

TnS는 정해진 정답이 없는 문제를 푸는 일이다. 복잡하고 애매한 상황에서 윤리적으로 판단하고, 그 근거를 논리적으로 설명할 수 있는 사고력이 무엇보다 중요하다. 전공이나 이력보다도 문제를 어떤 관점에서 바라보는지가 핵심이다. 그리고 이 분야에서 가장 중요한 역량 중 하나는 '불편한 말을 할 줄 아는 용기'다. 침묵은 더 큰 사고로 이어질 수 있다. 상대가 나보다 높은 직급이든 아니든, 경력이 많던 적던, 사용자 안전은 내 판단의 최우선 기준이다.

아, 그리고 우리 TnS 조직에 한국인은 나 혼자다. 더 많은 한국인이 이 분야에 관심을 갖고 함께하길 바란다.

# 3부

**5장**

AI vs. AI: 유해 콘텐츠에 맞서는 기술들

**6장**

AI의 한계, 그리고 인간이 개입해야 하는 순간

# AX 시대의 안전 설계: AI와 인간의 콜라보

**5장**

# AI vs. AI:
# 유해 콘텐츠에 맞서는 기술들

> "
> AI는 Trust and Safety에서 이제 없어서는
> 안 될 필수적인 도구가 되었다.
> "

**들어가는 글**

지금까지 우리는 AI가 어떻게 유해 콘텐츠를 증폭시키고, 악의적인 사용자들의 손에 들어가 세상을 더 위험하게 만들었는지를 살펴보았다. 과연 AI는 문제만 만드는 존재일까? 그렇지 않다. 아이러니하게도, AI가 만들어낸 복잡한 문제들의 상당수는 다시 AI를 통해 가장 효과적으로 대응되고 있다. 이 장에서는 현재 많은 실리콘밸리 기반 온라인 플랫폼 기업이 실제로 사용하는 TnS 기술에 대해 소개한다.

## 1  AI가 TnS에 필연이 된 이유

### 실시간 대응의 필요성

인터넷에서는 매 순간 수백만 건의 포스트, 댓글, 이미지, 동영상이 쏟아진다. 이제는 사람이 모든 콘텐츠를 모니터링해 유해 여부를 판별하는 것은 불가능하다. 과거에는 스팸성 콘텐츠를 걸러내는 단순한 자동화 기술만으로도 어느 정도 대응이 가능했지만, 지금은 다르다. 민주주의를 흔드는 더 정교해진 가짜뉴스나 AI로 조작된 재난 구조정보와 같은 악의적인 유해 콘텐츠가 끊임없이 등장하고 있다. 이런 환경에서는 대량의 콘텐츠를 실시간으로 분석하고, 위험 신호를 빠르게 감지할 수 있는 AI 기반 솔루션이 필수다.

세탁세제를 캔디처럼 먹는 챌린지가 유행할 것이라고 처음부터 상상한 사람이 과연 있었을까? 누구에게나 익숙한 생활용품, 그냥 주방 구석에 놓인 세제가 어느 날 갑자기 바이럴 챌린지의 주인공이 됐다. 2017년 말, 알록달록한 색깔에 젤리처럼 생긴 세탁세제 캡슐을 사탕처럼 먹어보라는 일명 타이드팟 챌린지(Tide-pod challenge) 영상이 순식간에 플랫폼의 경계를 넘어 퍼졌다. 그리고 장난삼아 따라 한 아이들이 병원에 실려 가는 사고가 잇따랐다.

최근엔 돌멩이나 금속 덩어리를 씹어먹거나, 끓어오르는 용암 속으로 사람이 뛰어드는 생생한 AI 영상도 자주 접할 수 있다. 큰 의심 없이 보면 실제처럼 보이는 이 영상들은, 단순한 '장난'의 수준을 넘어 현실과 환상의 경계를 흐리고 있으며, 극단적 행동을 유도하거나 위험을 미화할 수 있는 존재다. 이처럼 일상적이거나 비일상적인 어떤 것도 언제든 유해 콘텐츠가 될 수 있는 지금, 플랫폼은 이런 신호를 조기에 감지하고 빠르게 확산을 차단할 수 있어야 한다. 위험은 예고 없이, 전례없는 모습으로 찾아오기 때문이다.

일부 광고 기반 플랫폼의 경우, 유해 콘텐츠와 광고가 연결되는 상황을 사전에 방지하는 것이 기본적인 책임이 되었다. 어떤 광고주도 자사 브랜드가 유해한 콘텐츠와 함께 노출되길 원하지 않기 때문이다. 이에 따라 광고가 노출되기 전 콘텐츠의 위험 여부를 미리 판단하고 관리하는 과정에도 AI 기술이 적극 활용되고 있다.

그리고 더 이상 유해 콘텐츠를 사후에 발견하고 조치하는 것만으로는 충분하지 않다. 글로벌 법과 규제는 이제 플랫폼 기업들에게 사전적 관리 체계의 확립을 요구하고 있다. 콘텐츠가 업로드되기 전, 위험 요소를 미리 감지하고 차단할 수 있는 시스템이 필요하며, 이를 AI 없이 실현하기는 어렵다. 특히 아동 성착취물과 같은 불법 콘텐츠는 업로드되기 전 단계에서 걸러져야 하고, 청소년 사용자가 많은 플랫폼이라면 성인용 콘텐츠는 사전에 차단되어야 한다. 이러한 사전 탐지와 차단 작업은 AI 기술의 지원 없이는 사실상 불가능하다.

오늘날과 같은 온라인 플랫폼의 구조에선 콘텐츠는 순식간에 확산될 수 있고, 위해도 실시간으로 증폭될 수 있다. 이를 통제하려면 AI 기반의 실시간 감지가 필수다.

### TnS 운영의 효율성 극대화

AI는 TnS 운영의 효율성을 높이는 데도 필수적인 역할을 한다. 수많은 신고 내역 중에서 긴급한 사안을 빠르게 골라내 가장 적합한 전문성을 가진 담당자에게 신속히 이관할 수 있게 돕는다. AI는 신고 내용 내 특정 키워드, 사용자의 과거 활동, 신고자의 신뢰도 등을 종합하여 사안의 긴급도를 정량화하고, 적절한 인력에게 빠르게 전달하는 데 기여한다. 또한, 글로벌 플랫폼 환경에서는 다양한 언어를 다룰 수 있어야 하는데, 이 역시 AI의 번역 기술이 큰 힘을 발휘한다. 문화적 맥락과 위해성을 함께 고려한 전문화된 번역을 통해 다양한 언어권의 사용자 신고를 정확하고 빠르게 처리할 수 있도록 지원한다.

더 나아가 AI는 사람이 직접 유해 콘텐츠를 검토해야 하는 부담을 크게 덜어준다. TnS 업무 특성상 트라우마성 콘텐츠를 반복적으로 마주할 가능성이 높고, 이는 모든 글로벌 플랫폼에서 공통적으로 겪는 과제다. 이에 따라 AI 기술은 실무자들이 더 지속가능한 환경에서 일할 수 있도록 심리적 부담을 줄이는 중요한 도구가 되고 있다. AI는 유해 가능성이 높은 콘텐츠를 사전에 플래그하고, 문제성이 큰 콘텐츠는 자동으로 흐림 처리하거나 심각도 기준을 적용해 사람이 꼭 확인해야 할 콘텐츠만 선별한다. 덕분에 심사자는 모든 콘텐츠를 일일이 열어보지 않아도 되고, 보다 지속가능한 환경에서 일할 수 있게 된다. 실제로 구글 딥마인드(DeepMind) 연구진은 LLM을 활용한 TnS 시스템이 심사자의 효율성을 높이고 검토 과정을 효과적으로 지원함을 증명하였다 [40].

### 개인정보 보호와 사용자 안전의 균형

마지막으로, AI는 개인정보 보호와 사용자 안전이라는 두 가지 목표 사이의 균형을 맞추는 데 중요한 역할을 한다. TnS 업무는 필연적으로 개인정보, 사적 기록 등 민감한 정보와 맞닿아 있다. 사용자는 자신의 콘텐츠가 무작위로 검토되는 것을 원하지 않으며, 이는 개인정보 보호의 핵심 원칙이기도 하다. 사람이 피해자의 사적 메시지나 민감한 게시물을 직접 열람할 경우 오히려 2차 피해로 이어질 수 있다.

AI는 이런 위험을 구조적으로 줄인다. 콘텐츠 작성 시각, 사용자 활동 패턴, 업로드된 첨부 파일 유형 등 메타데이터[25](metadata)만을 분석해 굳이 개인 대화방의 채팅 내용을 직접 보지 않고도 위험 신호를 감지할 수 있다. 또한 텍스트나 이미지의 패턴을 분석해 실제 테러 위협이나 온라인 그루밍 신호 등을 조기에 감지해 내기도 한다. 그 결과, 고위험 콘텐츠만 선별적으로 플래그되어 전체 데이터 중 극히 일부만 인적 검토 대상으로 삼을 수 있다. AI는 개인정보 보호를 지키면서도 사

---

25 메타데이터(metadata): 데이터에 관한 데이터라고도 불리며, 본 데이터의 속성, 구조, 맥락 등을 식별, 설명, 관리, 검색하기 위해 부가적으로 기록된 데이터다. 사진일 경우 촬영 날짜, 위치, 해상도, 파일 형식 등이 메타데이터로 분류되고, 문서일 경우 작성자, 작성일, 버전, 수정 이력 등을 떠올릴 수 있다. 직접적으로 콘텐츠를 보지 않더라도 이해할 수 있는 또 다른 시그널이다.

용자 안전을 효과적으로 보장하는 방법으로도 사용된다.

## 2 / 키워드 필터에서 생성형 AI까지, TnS 기술의 발전과 AI 적용

### 전통적인 방식

그렇다면 기업들은 실제로 어떤 기술을 활용해 사용자 콘텐츠를 탐지하고 분류하며 조치할까? 이제 많은 기업에서 주로 사용하는 방법을 **기술적인 관점**에서 조금 더 자세히 들여다보자.

#### ① 비 AI 기반 대응 방법

- **블록리스트**: 가장 오래되었지만 기본적인 방법은 블록리스트(Block List)다. 사전에 플랫폼 정책에 기반한 금지 단어나 유해 사이트 URL 목록을 만들고 해당 목록과 일치하는 콘텐츠를 자동으로 차단하는 방식이다. 사용자 이름에 욕설이나 차별 표현이 포함된 경우, 이를 자동으로 감지해 등록 단계에서 차단할 수 있다. 사용자 이름은 아이들이나 청소년에게까지 쉽게 노출될 수 있는 가장 공개된 콘텐츠이기 때문에 주로 가장 제한적인 방법을 사용한다. 이 방법은 간단하고 빠르지만, 단어 하나하나를 기준으로 설정하기 때문에 철자만 살짝 바꾼 변형된 욕설이나 문맥에 따른 의미까지는 제대로 걸러내기 어렵다는 한계가 있다.

- **정규 표현식**: 정규 표현식(Regular Expression, Regex)은 글자나 숫자처럼 일정한 패턴을 가진 정보를 찾아내는 도구다. 예를 들어, 누군가 게시글에 전화번호나 신용카드 번호를 입력하면, 이를 자동으로 감지해 삭제하거나 경고 메시지를 띄울 수 있다. 악성 사이트로 연결되는 특정 형태의 URL을 찾아내어 차단하는 데

에도 활용된다. 또한, 변형된 비속어나 우회 표현을 걸러내는 데도 유용하다. 예를 들어, "ㅅㅂ" 대신 "ㅅ/ㅂ"처럼 특수문자를 삽입하거나, "개새끼"를 "개객기"처럼 바꿔 쓰는 경우에도 정규 표현식을 통해 탐지할 수 있다. 실제로 이런 블록리스트 기반 대응 때문에 비속어 표현은 온라인에서 빠르게 진화하지만, 정규 표현식은 그 변화까지 포착할 수 있다는 장점이 있다.

다만 한계도 분명하다. 정규 표현식은 사람이 직접 복잡한 규칙을 설계해야 하고, 같은 단어라도 상황에 따라 달라지는 의미를 이해하지 못한다. 또한 범위를 너무 넓게 설정하면, 정상적인 콘텐츠까지 잘못 차단할 수 있는 위험이 있다.

- **조건부 휴리스틱:** 조건부 휴리스틱(Rule-based heuristic)은 즉 규칙 기반 필터링이다. 사용자가 미리 설정해둔 조건을 충족할 경우 콘텐츠를 차단하는 방식이다. 예를 들어, 같은 링크를 짧은 시간에 여러 번(예, 10번 이상) 게시하는 사용자를 스팸 사용자로 인식하거나, 반복적으로 같은 문구를 복사해 붙여넣는 댓글을 이상 행동으로 간주하는 식이다. 이 방법은 예상 가능한 행동 패턴을 잡아내는 데 효과적이지만, 완전히 새로운 유형의 악행에는 쉽게 대응하기 어렵다는 단점이 있다.

- **해시 매치:** 해시 매치(Hash Match)는 기존에 확인된 불법 콘텐츠를 다시 업로드하지 못하게 막을 때 활용하는 기술이다. 아동 성 착취물이나 테러 홍보물 같은 위해 콘텐츠를 사전에 디지털 지문처럼 숫자 코드(해시)로 변환해 저장해 두고, 새로운 콘텐츠가 업로드될 때 이 해시 값과 비교해 일치하는지 확인하는 방식이다. 예를 들어, 과거에 신고되어 해시로 저장된 아동 착취 이미지가 다시 업로드된다면, 이미지를 직접 열어보지 않고도 차단할 수 있다. 일부 기업들은 자체 해시 데이터베이스를 구축해 두고, 다

른 기업과 새로운 콘텐츠 해시를 서로 공유하기도 한다. 해시 매치는 이미 확인된 위해 콘텐츠를 빠르고 정확하게 막는 데 매우 효과적이다. 다만 데이터베이스에 등록되지 않은 새로운 위해 콘텐츠에는 빠르게 대응하지 못하는 한계가 있다.

② 전통적 AI 기반 대응 방법

그럼 AI가 유해 콘텐츠를 자동으로 걸러낸다는 건 도대체 어떤 방식으로 작동 되는 것일까? 이런 궁금증, 한 번쯤 가져본 적 있을 것이다. 우리가 매일 마주하는 글, 이미지, 음성, 영상 콘텐츠가 주로 어떤 AI 기술로 분석되고, 어떤 방식으로 유해성과 안전성이 판단되는지를 조금 더 기술적인 측면에서 살펴본다. 모든 기업에서 같은 기술을 사용하진 않지만, 복잡하게만 느껴졌던 AI 기반 대응 방식을 조금 더 직관적으로 이해할 수 있을 것이다.

- **텍스트 콘텐츠 대응:** 텍스트, 즉 글 기반 콘텐츠는 사람들이 가장 많이 이용하면서도, 혐오 발언이나 괴롭힘 같은 민감한 표현이 자주 오가는 유형이기 때문에 정밀한 분석과 탐지가 필요하다. 이때 주로 활용되는 기술이 머신러닝 기반의 텍스트 분류 모델이다. 기본적으로 이 모델은 하나의 문장을 보고 그것이 정책을 위반하는 수준의 집단 괴롭힘인지 아닌지, 장난인지 실제 혐오를 표현하는 것인지를 분류하는 방식으로 작동한다.

모델을 학습시키기 위해서는 먼저 사람이 직접 예시 데이터를 분류해 둔다. 예를 들어, 어떤 문장은 '괴롭힘', 어떤 문장은 '정상'이라고 라벨링한 데이터를 수천 개~수만 개 준비하는 것이다. 이후 AI 모델은 이 데이터를 바탕으로 패턴을 학습하고, 새로운 글을 봤을 때 그것이 어느 범주에 속하는지를 예측한다. 예를 들어 "너 진짜 뭐 같다" 같은 문장을 넣었을 때, 모델은 이 표현이 혐오 발언일 가능성이 80%라고 판단하는 식으로 작동하고, 80% 이상일 경우 심사자에게 이관하는 등의 절차로 넘어갈 수 있다.

이런 머신러닝 기반 탐지 방식은 대량의 콘텐츠를 빠르게 분류하는 데 강점이 있지만, 문맥의 미묘한 뉘앙스나 은유, 문화적 차이 같은 요소까지는 정확히 포착하기 어렵다는 한계도 있다.

■ **이미지 콘텐츠 대응**: 이미지도 머신러닝을 활용해 특정 정책 범주로 분류할 수 있다. 방대한 이미지 데이터를 학습한 모델은 총기를 들고 있는 사진이나 폭력 장면 등을 인식해 자동으로 경고 표시를 하거나 검토 대상으로 분류할 수 있다. 많은 기업은 컴퓨터 비전(Computer Vision)이라는 기술도 사용하는데, 이는 컴퓨터가 사람처럼 이미지를 보고 이해하는 능력을 활용한 방식이다. 한계점은 이미지를 둘러싼 상황이나 의도까지는 알 수 없다는 것이다. 이미지 안에 숨어 있는 글을 찾아내는 작업에 특화된 기술도 있다. 딥러닝 기술 기반의 광학 문자 인식(Optical Character Recognition, OCR)이라는 기술은 사진 속 글자를 컴퓨터가 읽어낼 수 있게 한다 [41]. 이 기술을 통해 시위 현장의 피켓에 적힌 문구나, 조작된 뉴스 화면 속 텍스트를 찾아내 자동으로 읽어내고 정책 위반 여부를 분류하는 방식이다. 누군가의 게시글을 캡처해 이미지로 업로드한 경우에도 이런 기술을 통해 이미지화되어 있는 텍스트를 인식해 대응할 수 있다. 반면, 이미지가 지나치게 복잡하거나 왜곡된 경우에는 인식 정확도가 떨어지는 한계도 있다.

■ **음성 콘텐츠 대응**: 음성 콘텐츠, 예를 들어 보이스 메시지나 음성 채팅방의 대화를 탐지할 때는 여러 음성 인식 기술(Voice recognition)이 활용된다. 주로 사용자의 발화를 텍스트로 바꾸고 그 텍스트를 기반으로 유해성을 판단하는 식이다. 예를 들어, 음

성 채팅방에서 누군가 "내일 학교에 폭탄을 설치할 거야"라고 말하면, 시스템은 이 발화를 글자로 변환한 뒤 정책에 따라 위험을 분류할 수 있다.

다양한 언어가 혼재하는 글로벌 플랫폼 환경에서는 음성 인식 이후 기계 번역 기술이 추가로 적용된다. 이를 통해 영어 외의 언어로 발화된 위협 표현도 탐지할 수 있다. 이 기술의 강점은 실시간으로 음성 대화를 감지하고 대응할 수 있다는 점이다. 하지만 주변 소음이 심하거나, 억양, 방언, 발음이 표준에서 크게 벗어나는 경우에는 정확도가 떨어질 수 있다는 한계도 존재한다.

- **영상 콘텐츠 대응**: 주로 사용되는 영상 콘텐츠 분석은 컴퓨터 비전 기술과 음성 분석 기술을 결합해 동영상 안에서 유해한 장면이나 발언을 찾아내는 방법이다. 일반적으로 영상은 수많은 정지 화면으로 나눠진 뒤, 이미지처럼 분석되고 동시에 음성을 따로 분석하여 위험한 발언을 찾아낸다. 영상 분석의 강점은 복합적인 시각 및 청각 정보를 통합해 분석할 수 있다는 점이다. 다만 데이터 자체가 워낙 크기 때문에 처리 속도가 느리거나 연산 자원이 많이 든다는 약점이 있다.

### 추가 설명

#### 콘텐츠 분류를 위한 머신러닝 학습 방식 [42]

TnS 분야에서는 이러한 다양한 콘텐츠를 분류하거나 위험 신호를 탐지할 때 주로 지도 학습(Supervised Learning) 방식을 사용해 왔다. 지도 학습은 기계에게 정답이 있는 문제집을 풀게 하는 것과 비슷하다. 플랫폼들은 서비스 이용 약관이나 커뮤니티 가이드라인에 따라 어떤 콘텐츠가 문제가 되는지 정의해 두고 있기 때문에, 이미 정답이 있는 데이터를 활용해

> 모델을 훈련시키는 것이 가능하다. 지도 학습의 강점은 정확도가 높고 일관된 분류가 가능하다는 점이다. 하지만 품질 좋은 라벨링 데이터가 부족할 경우 성능이 크게 떨어진다는 약점이 있다.
>
> 한편, 명확한 정답이 없는 새로운 위험 신호를 감지할 때는 비지도 학습(unsupervised learning) 방식을 사용하기도 한다. 비지도 학습은 라벨이 없는 데이터 속에서 기계가 스스로 숨겨진 패턴을 찾아내는 방식이다. 이 방법의 강점은 정해진 분류 기준 없이도 일반화된 패턴을 포착할 수 있다는 점이다. 예를 들어, 유사한 특성을 가진 계정을 자동으로 군집화(clustering)하는 툴을 만드는 경우 각 군집이 '좋다'거나 '나쁘다'는 판단을 내리는 것이 아니라, 비슷한 행동을 보이는 계정들을 묶어낼 수 있다. 크기가 큰 군집들은 찾아낼 수 있다면 플랫폼 내에서 조직적으로 모여 활동하는 계정들의 네트워크를 식별해내는데 효과적이다. 다만, 비지도 학습의 최종적인 판단에는 사람의 개입이 필수적이라는 한계가 있다.

이러한 전통적인 AI 기술은 여전히 TnS 산업에서 중요한 역할을 하고 있다. 다만 최근에는 생성형 AI와 고성능 기반모델의 보편화로 인해, 보다 유연하고 맥락을 이해할 수 있는 새로운 대응 방식으로 발전하고 있다 [43] [44].

## 최신 AI 기술의 대응력

최근에는 TnS분야에 생성형 AI와 고성능 기반모델의 도입이 빠르게 확산되고 있다. 모든 기업이 최신 AI 기술을 도입한 것은 아니나, 다양한 접근이 가능해졌다는 것을 소개하고자 한다.

TnS에서는 언어 처리에 특화된 대형 언어 모델(LLM)과 이미지, 음성, 영상까지 함께 다룰 수 있는 멀티모달 모델의 활용이 두드러진다. 이 기술들은 단순한 키워드 감지나 규칙 적용을 넘어서 문맥과 뉘앙스를 이해하고 복잡한 상황을 판단할 수 있는 능력을 갖추고 있다.

이러한 기반모델은 특히 플랫폼 정책에서 몇가지 규칙과 단어만으로 정의하기 어려웠던 회색지대 콘텐츠 탐지에 강점을 보인다. 과거에는 최대한 유해 콘텐츠를 줄이기 위해 젖꼭지가 노출된 가슴 사진과 같은 민감한 콘텐츠를 일괄 차단하는 방식이 일반적이었다. 가슴이 드러난 콘텐츠라고 할지라도 어떠한 문화권에선 예술, 의학, 모유 수유 등 맥락에 따라 충분히 허용될 이유가 있는 경우도 있다. 과거엔 기술의 한계로 인해 이런 콘텐츠에 조금 더 보수적으로 접근했다면, 고성능 모델은 이미지를 '보고', 그 이미지를 둘러싼 상황을 '이해'할 수 있어 보다 정교하고 유연한 정책 집행을 가능케 한다.

더 나아가 LLM은 TnS 정책 문서를 이해하고 해석하는 인지적 도우미 역할도 수행한다. 과거에는 사람이 일일이 해석하던 복잡한 정책 문서도 이제는 기계가 구조화하고 일관된 방식으로 처리할 수 있게 되었다. 특히 하나의 모델이 다양한 정책 항목을 통합적으로 처리할 수 있어 과거처럼 항목별로 개별 모델을 훈련시킬 필요도 줄었다.

또 하나의 큰 진전은 다국어 대응력이다. 글로벌 플랫폼은 다양한 언어로 작성된 콘텐츠에 일관된 정책을 적용할 수 있는 가능성을 확보하게 되었고, 이는 규제 준수나 사용자 보호 측면에서 중요한 진전이다.

이뿐만 아니다. LMM 같은 경우, 텍스트 형태의 콘텐츠뿐만 아니라 이미지, 음성, 영상까지 다룰 수 있어서, 콘텐츠 유형에 따라 모델을 따로 운영하던 기존의 복잡성을 줄인다. 이는 TnS 운영의 효율성과 확장성 면에서 게임 체인저가 되고 있다.

데이터가 부족한 영역에서도 생성형 AI는 새로운 가능성을 열었다. 예를 들어, 폭력적 극단주의나 사이버 괴롭힘처럼 실제 사례 수집이 어렵고 주로 대화가 개인 채팅방에서 이루어져 탐지가 어렵고 민감한 영역에서는 AI가 예시 문장을 생성하여 학습 데이터를 보완할 수 있다.

그 외에도 생성형 AI는 사용자 응답 초안 작성, 내부 정책 문서 정리 등 문서 기반 업무의 속도와 일관성을 획기적으로 높이고 있다. 예를 들어, 사용자가 신고한 케이스에 대해 AI가 '[이런] 사유로 조치되었습니다'라는 답변을 자동으로 초안 작성하면, 담당자는 이를 검토하고 수정만 하면 된다. 이는 사람이 **결정**에 더 집중할 수 있게 만든다.

최신 AI 기술은 TnS 운영 전반에서 탐지, 해석, 대응, 문서화의 모든 단계에 걸쳐 강력한 파트너로 작동하고 있다. 이제 AI는 효율성 개선을 위한 도구뿐만 아니라, 공정하고 정교한 안전 체계를 만드는 파트너로서 역할을 한다.

### 3 / 하지만 안전을 완성하는 것은 결국 사람이다

지금까지 살펴본 것처럼 AI는 TnS 업무를 더 정교하고 신속하게 만들어주고 대응의 폭과 깊이를 이전과는 비교할 수 없을 정도로 확장시키고 있다. 이제 AI는 단지 반복 업무를 대신하는 수준을 넘어, 문맥을 읽고 판단하며, 위험을 사전에 감지하고 대응까지 설계할 수 있는 파트너로 자리 잡아가고 있다.

하지만 기술이 아무리 빠르게 발전하더라도, AI만으로 모든 문제를 해결할 수 있다는 생각은 착각이다. 모델은 데이터를 통해 세상을 배운다. 결국 과거의 데이터를 바탕으로 미래를 예측할 뿐이다. 그렇기 때문에 AI는 완전히 새로운 유형의 위해나 미묘한 사회적 맥락, 문화적 차이에 기반한 문제를 온전히 해석하긴 어렵다.

또한 AI는 사람이 정한 기준을 토대로 판단할 수는 있어도, 자신의 판단의 결과에 책임질 수는 없다. 누가 어떤 기준으로 위험을 정의할 것인지, 기술이 어디까지 개입하고 어디에서 멈춰야 할지를 결정하는 일은 결국 사람의 몫이다.

다음 장에서는 AI의 한계를 살펴보며 결국 사람이 안전을 설계해야 하는 이유와, 기술과 사람이 함께 만들어가는 안전의 방식을 살펴본다.

# 6장

# AI의 한계, 그리고 인간이 개입해야 하는 순간

> "
> AI는 그 자체로 완전한 해답이 될 수 없다.
> 속도와 효율은 AI가, 정당성과 책임은 사람이 설계해야 한다.
> "

### 들어가는 글

Trust and Safety(TnS) 분야는 AI 덕분에 하루 수억 건의 디지털 신호를 실시간으로 해석하면서 과거에는 불가능했던 속도로 위험 징후를 포착할 수 있게 되었다. AI는 빠른 감지와 정형화된 업무 처리에는 탁월하지만, 그 결정이 항상 정확하거나 정당한 것은 아니다. 데이터 편향, 통계적 오차, 언어와 문화적 이해의 한계 등 구조적 한계는 여전히 존재하며, 예상치 못한 사건이나 애매모호한 이슈에는 인간의 직관과 맥락적 이해가 반드시 필요하다.

특히 생성형 AI는 마치 사람과 같이 '의도'와 '신념'을 가진 것처럼 작동한다. 그렇다면 그것의 의도는 누구의 가치, 누구의 신념, 누구의 기준을 반영하고 있는가? AI를 활용한 콘텐츠 관리는 단순한 기술적 조치가 아니다. 우리가 어떤 사회를 지향하는지, 누구를 보호하고, 어떤 가치를 지킬 것인가에 대한 답이 될 수도 있다.

우리는 AI에게 모든 선택을 맡길 수 없다. 이 장에서는 현재 TnS 분야에 적용된 AI 기술의 한계를 짚어보고, 그 한계를 사람이 어떻게 보완해 나가며 안전하고 신뢰할 수 있는 플랫폼 생태계를 만들어가는지 구체적으로 설명한다.

## 1  기술의 한계

만일 자신이 활발히 사용하는 플랫폼으로부터 "당신의 게시물은 AI 판단에 따라 삭제되었습니다"라는 메일을 받았다면 누구든 즉시 고개를 갸웃할 것이다. 특히 인플루언서나 비즈니스를 운영하는 사람이라면 이 문제는 그들의 생계와 직접적으로 연결될 수도 있다. 만약 자신의 계정이 도용되어 곤란한 상황이라면 사람이 아닌 기계가 이 사건을 담당하는 것에 불안감부터 느낄 것이다.

이 같은 반응은 단순한 기술 혐오나 시대 변화에 대한 저항이 아니다. 많은 사람은 규칙 기반 필터나 머신러닝 모델이 실제로 정책 위반이 아닌 콘텐츠를 삭제했던 경험과, AI 챗봇과 주고받은 대화에서 답답함을 느꼈던 경험을 떠올릴 수 있다. 그래서 "사람이 다시 확인했습니다"라거나, "서비스 팀 직원과 대화 중"이라는 말이 주는 신뢰감은 여전히 크다.

실제로 TnS 현장에서 AI를 활용할 때 반복적으로 마주치는 어려움 중 하나는 바로 통계적 오류다. 그중에서도 가장 문제가 되는 것은 위양성(False Positive)이다. 이는 정책 위반이 아닌 게시물을 AI가 잘못 판단하여 삭제하거나 노출을 제한하는 경우를 말한다. 방대한 콘텐츠를 다루는 AI 시스템 안에서 이런 오류가 발생하면 표현의 자유를 위협하고 이용자의 불만과 불신을 키울 수 있다. 결국 이를 해소하기 위한 인력과 시간, 그리고 비용도 기하급수적으로 증가하게 된다.

대표적인 사례로, 2023년 11월, 이스라엘의 가자지구 북부 지상공세가 한창이던 당시, 인스타그램에 한 사용자가 가자지구의 알시파 병원(Al-Shifa Hospital) 인근 공습 직후 현장을 촬영한 영상을 게시했다. 영상에는 병원 주변에 쓰러져 있는 사람들, 부상당한 아이들, 울고 있는 시민들이 담겨 있었고, 그중 한 아이는 심각한 두부 외상을 입고 사망한 것으로 보였다. 영상 아래에는 아랍어와 영어로 "이 병원이 점령 세력에 의해 공격받았다"는 문구와 함께 인권 단체와 언론사를 태그한 설명이 달려 있었다.

그 당시 메타의 자동화 시스템은 이 콘텐츠를 '폭력적이고 충격적인 콘텐츠'로 분류해 커뮤니티 가이드라인 위반으로 즉시 삭제했다. 사용자가 이에 이의를 제기했으나, 자동 분류기는 "위반 확률이 매우 높다"는 사유로 항소를 기각했고, 콘텐츠는 복구되지 않았다. 이에 사용자는 메타의 감독위원회(Oversight Board)에 재심을 요청했다.

메타 감독위원회는 해당 영상이 분쟁의 현실을 보여주는 중요한 공공 기록일 수 있다는 점에서 긴급 심사에 착수했다. 최종적으로 메타는 경고 화면을 덧붙이는 조건으로 해당 콘텐츠를 복구했다. 위원회는 "자동화 시스템에 의한 과도한 정책 적용으로 공익적 가치가 있는 콘텐츠가 삭제됐다"고 지적하며, AI 필터링 기술과 표현의 자유, 공적 기록 보존이라는 가치 간의 균형이 필요하다고 강조했다 [45].

이 사례는 인간의 검토 없이 자동화된 AI의 판단만으로 콘텐츠를 관리할 경우, 전쟁이나 인권과 관련한 기록처럼 중요한 역사적 자료까지 사라질 수 있음을 단적으로 보여준다. 자동화는 효율적이지만, 사용자가 그 판단의 결과를 믿고 따르려면 결국 사람의 개입과 검토가 반드시 필요하다는 사실을 환기시키는 사례다.

반대로 유해 콘텐츠를 제대로 걸러내지 못하고 그대로 방치하는 위음성(False Negative)의 결과는, 단순한 실수를 넘어 심각한 피해로 이어질 수 있다. 유해 콘텐츠가 노출됨으로써 사용자는 직접적인 피해를 입고, 플랫폼은 법적 책임이나 사회적 비난에 직면할 수 있다. 예를 들어, 가짜 의약품 광고가 사전에 걸러지지 않고 그대로 노출될 경우 소비자의 건강과 생명에 위협을 줄 수 있으며, 그 여파는 플랫폼에 대한 신뢰 전체를 흔들 수 있다. 실제로 콘텐츠 하나를 놓친 것이 한 기업의 이미지와 인식을 훼손하는 일도 드물지 않다.

문제는 AI 모델이 통계적 확률을 기반으로 판단하기 때문에 일정 수준의 오차는 피할 수 없고, 편향 문제와 마찬가지로 지속적인 감시와 관리가 필요한 구조적 리스크로 작용한다. 다만, 사람의 결정이 항상 정확하거나 완벽하다는 것은 아니다. 하지만 AI를 활용하는 경우 더 큰 스케일에서 더 빠른 결정이 가능해지기 때문에 기계가 만든 오류에서 파생되는 영향은 더욱 크다는 점에서 특히 주의해야 한다.

AI의 한계는 추천 알고리즘에서도 찾아볼 수 있다. 요즘 플랫폼들은 유해 콘텐츠를 완전히 삭제하기보다는 추천 알고리즘 인터페이스에서 줄이거나 우선순위를 낮추는 방식을 더 자주 사용하기 때문이다. 예를 들어, 다소 민감하거나 논란이 될 수 있는 콘텐츠는 사용자 피드의 맨 위에서 조용히 사라지는 대신, 안전하고 무난한 콘텐츠가 더 자주, 더 많은 사람에게 추천된다. 문제가 될 수 있는 콘텐츠를 삭제하진 않더라도 눈에 띄지 않게 뒤로 미루는 것이다.

유튜브는 이런 전략을 대표적으로 잘 보여주는 플랫폼이다. 유튜브는 콘텐츠 정책을 다음의 네 가지 원칙으로 운영한다 [46]:

① Remove(삭제) - 정책을 위반한 영상은 삭제한다.
② Reduce(노출 제한) - 위반은 아니지만 유해할 수 있는 콘텐츠는 노출을 줄인다.
③ Raise(신뢰도 있는 콘텐츠 우선 노출) - 검증된 정보는 더 위에 노출한다.
④ Reward(모범 창작자에게는 보상) - 정책을 잘 지키는 창작자에게 수익 기회를 제공한다.

유튜브는 그중 하나의 사례일 뿐이다. 많은 플랫폼은 삭제 이외의 방법을 활용해 콘텐츠를 관리한다. 삭제 기준에는 미치지 않지만 추천하기에는 애매한 경계선에 있는 콘텐츠에 대해서는 주로 노출 자체를 줄이는 방식을 선택하기도 한다. 그러나 이런 알고리즘적 선택이 반복될수록 새로운 리스크가 수반된다.

미국 문화 평론가 카일 체이카(Kyle Chayka)는 저서 『필터월드(Filterworld)』에서 "알고리즘이 전 지구적 취향을 한데 섞어 어디서나 같은 카페 음악과 인테리어가 반복되는 시대가 왔다"고 지적한다. 카일은 추천 알고리즘이 만들어낸 취향의 획일화를 비판했지만, TnS 관점에서 우려스러운 지점은 사용자 안전과 법과 규제라는 명분 아래 뒤로 밀려나는 문화의 다양성과 창의성이다. 콘텐츠는 앞서 말한 것과 같이 우리 모두의 문화, 신념, 종교, 사상 등의 것들을 모두 내포하는 존재라는 것을 잊어선 안 된다. **우리는 지금, 어떤 문화의 잣대가 온라인 세계의 기준이 되고 있는지 진지하게 고민해 볼 필요가 있다.**

하지만 플랫폼조차도 어떤 특정한 콘텐츠의 노출을 미세히 조정한다는 조치가 전 세계 모두의 문화와 신념 그리고 사람들의 상호작용에 실제로 어떤 영향을 미치는지 명확히 알 수 없을 것이다. 그리고 이 방법은 실제로 유해 콘텐츠 확산을 막기 위한 가장 합리적 조치일 수 있다. 다만, 우리 모두가 AI 알고리즘이 설계한 관람 동선만 따라가는 수동적 소비자가 되는 순간, 지역 고유의 서사와 실험적인 목소리는 점점 그늘로 밀려나고, 다양성과 창의성은 시스템의 안전성과 효율성 속에서 점차 설 자리를 잃어갈 수 있다.

## 2 / TnS에 적용된 생성형 AI의 한계는?

앞서 5장에서 말한 것과 같이, 여러 플랫폼 기업은 생성형 AI와 고성능 기반모델을 TnS 업무에 적극 활용하고 있다. 이 기술은 빠르고 유연하게 콘텐츠를 분석하고 대응할 수 있는 새로운 가능성을 열어주었지만, 동시에 이전에는 존재하지 않던 고유한 위험도 함께 안고 있다. 특히 성능이 향상될수록 *이 정도면 사람의 손이 굳이 필요 없지 않을까*라는 생각이 들기 쉬운데, 이는 기술에 대한 과신을 불러일으켜 오히려 리스크를 더 키울 수 있다. 기술의 정교함이 커질수록 그만큼 책임과 감시의 기준도 함께 높아져야 한다. 우선, 생성형 AI를 포함한 최신 기반모델의 TnS 적용 한계를 차분히 짚어보자.

## 디지털 식민주의의 그림자

대부분의 생성형 AI 모델은 영어 중심, 서구 문화권 데이터를 기반으로 학습된다. 여러 연구에 따르면 대다수 기반모델이 훈련 시 참고하는 데이터는 개신교 유럽 문화권에 편중되어 있다는 것을 알 수 있다 [47]. 그리고 훈련 데이터는 결과물의 가치관과 표현 방식에도 직접적인 영향을 미친다. 생성형 AI가 기술 권력을 분산시킬 것이라는 기대와 달리, 실제로는 특정 언어와 문화, 그리고 소수의 대형 기업에 권력이 다시 집중되고 있다는 비판도 나온다. 진정한 '분산된 기술'이 되기 위해서는 단순히 모델을 모두에게 개방하는 것을 넘어, 어떤 데이터를 학습했는지, 누구에게 이로운지, 그리고 누구에게 불리하게 작용할 수 있는지를 함께 묻고 균형과 다양성을 확보하려는 노력이 필요하다 [48] [49].

오픈AI에 따르면, 앞서 말한 기반모델, 즉 고성능 AI의 '뇌'를 훈련하는 데 사용되는 주요 데이터는 세 가지 출처에서 온다 [50]. 웹상에 공개된 정보, 제3자와의 파트너십을 통해 확보한 데이터, 그리고 사용자나 훈련자들이 생성한 데이터다. 오픈AI는 이 과정에서 혐오 발언, 성인 콘텐츠, 개인정보, 스팸 등은 학습 데이터에서 제외된다고 밝히고 있다. 다시 말해, 오픈AI의 기본 모델은 '인터넷과 자신의 플랫폼에서 접근 가능한 정보' 중에서도, '오픈AI의 윤리 기준에 부합하는 데이터'

로 훈련된 셈이다. **그리고 이 기준은 결국 미국 샌프란시스코에 있는 특정 민간 기업이 정한다는 사실을 잊어서는 안 된다.**

생성형 AI 안에는 특정한 가치 판단이 자연스럽게 녹아들어 있다. 특히 TnS 업무처럼 전 세계 사용자들의 콘텐츠를 심사하거나 제재하는 곳에 이 기술이 무분별하게 쓰이게 되면, 특정 문화권의 기준이 전 세계를 하나의 잣대로 관리하는 상황이 벌어질 수도 있다. 그래서 이런 흐름이 결국 새로운 디지털 식민주의의 형태로 이어질 수 있다는 우려도 나온다.

실제로 AI가 고유한 가치판단을 가지고 있다는 것은 상상 속 이야기가 아니다. 앤스로픽은 2025년 4월 발표한 '현실 세계에서의 가치(Value in the Wild): AI가 실제 환경에서 어떤 윤리 기준을 나타내는가'라는 연구에서 자사 모델 클로드(Claude)가 실제 대화에서 어떤 가치 체계를 드러내는지를 70만 건의 콘텐츠에 걸쳐 분석하였다 [51]. 분석 결과, 대체로 '도움', '정직', '무해' 등 긍정적인 가치가 지배적이었지만, 극소수 일부 대화에서는 '우월성'이나 '몰윤리성' 같은 응답이 관측되기도 했다. 대부분의 다른 기업은 이런 내부 연구 결과를 공개하지 않기 때문에 외부에서는 해당 모델이 어떤 윤리 기준이나 가치관을 가지고 작동하는지 알기 어렵다.

TnS 분야에서 AI 모델을 활용할 때는 모델이 한쪽 문화만 반영하지 않도록 다양한 언어와 문화의 데이터를 충분히 반영하는 것이 필수적이다. 그리고 모델이 보여주는 가치 판단이나 윤리 기준 또한 꾸준히 모니터해야 한다. 무엇보다 중요한 건, AI가 아무리 똑똑해 보여도 사람의 감독이 필요하다는 것이다.

## 언어의 한계

저자원 언어, 즉, 데이터 양도 적고 품질도 낮은 언어는 LLM 학습에서 소외되기 쉽다. 특히 이 문제는 LLM을 TnS 업무에 적용할 때 그 한계가 더욱 드러난다. 스탠퍼드 인간 중심 AI 연구소(Human-centered AI, HAI)와 아시아재단(The Asia Foundation)에서 최근 공동 발표한 백서 「언어 격차를 넘어서: 저자원 언어 환경에서 LLM 개발의 과제」에서도, 현재의 LLM이 영어 이외의 언어, 특히 저자원 언어에서는 성능이 급격히 떨어진다고 지적한다 [52]. 예를 들어, 아프리카에서 널리 쓰이는 스와힐리어, 미얀마의 공식 언어인 버마어, 멕시코 원주민 언어인 나후아틀어, 그리고 미국 원주민 부족의 언어인 체로키어 같은 언어로는 현저히 성능이 떨어진다. 디지털 인프라가 부족한 언어 환경에서는 영어로는 쉽고 정확히 작동하는 욕설 필터조차 잘못 작동할 수 있다. 욕설을 제대로 걸러내지 못하거나, 반대로 정상적인 표현을 잘못 판단해 과도하게 차단하는 일이 벌어지는 것이다. 이런 한계로 인해 저자원 언어 사용자들은 더 많은 유해 콘텐츠에 노출되거나 정당한 표현의 자유를 침해당할 수 있는 이중의 피해를 겪게 된다는 것이다.

이 문제는 생성형 AI 플랫폼에서 영어 아닌 다른 언어, 특히 저자원 언어로 질문을 우회할 경우, 기존의 안전장치를 훨씬 쉽게 뚫을 수 있다는 사실로도 이어진다[26]. 이는 곧 저자원 언어권에서 불법·증오·폭력 정보가 더 빠르게 생산되고 확산될 수 있다는 것을 뜻한다. 더 나아가, 유해 콘텐츠가 현지 언어로 대량 생성, 유통되고, 다시 그 데이터가 모델 학습에 투입되어 편향을 강화하는 악순환이 형성되고 있다.

모델의 한계는 저자원 언어를 사용하는 사용자의 경험과 안전을 동시에 위협하며, 기존의 디지털 불평등과 격차를 심화시킨다. 기술이 모두에게 혜택을 줄 것이라는 기대와 달리, 현실에서는 오히려 그 혜택이 또 다른 불평등을 낳을 수 있다는 점을 직시해야 한다.

---

[26] AI 시스템이 원래 의도한 안전장치를 우회하도록 만드는 행위나 기법을 일명 탈옥, 혹은 jailbreak라고 한다.

### 환각 현상, 또는 AI의 거짓말

타임지(TIME)는 이 현상을 이렇게 꼬집었다.

> "소크라테스는 자신이 모른다는 것을 알았기에 지혜로웠지만, LLM은 자신이 모른다는 사실조차 모른다."

AI의 또 다른 한계점은 바로 환각 현상이다. 구글이 처음 자사 AI 챗봇 바드(Bard)를 공개했던 2023년 데모에서는 이런 질문이 등장했다 [53].

> "9살 아이에게 제임스 웹 우주망원경(JWST)이 발견한 새로운 사실을 뭐라고 알려줄 수 있을까?"

이에 바드는 세 가지 답을 내놓았는데, 그중 하나는 "JWST가 태양계 밖 행성의 첫 번째 사진을 찍었다"는 주장이었다. 하지만 이는 사실이 아니었고, 전문가들은 즉시 "JWST는 그런 사진을 찍은 적 없다"고 반박했다. 이 사건은 생성형 AI가 마치 진실인 것처럼 거짓 정보를 자신 있게 말하는 환각(hallucination)의 대표적인 사례로 남았다.

불과 2년 후인 2025년 5월, 구글이 개발자 회의(Google I/O 2025)에서 발표한 AI 신기능 데모에서는 일반인의 시각에선 거의 환각현상의 문제를 볼 수 없게 되었다. 많은 기술적인 노력이 있었음에도 불구하고 여러 전문가들은 AI의 환각 현상을 단순한 버그가 아닌, 생성형 AI 기술의 구조적 특성에서 비롯된 본질적인 한계로 보고 있다 [54]. 이론적 연구에서는 생성형 AI에게 환각은 필연이라는 명제가 제기되기도 했다. 다만, 생성된 출력물을 사람에게 보여지기 전에 자체 검토하거나 팩트체크를 통해 필터링하는 방식으로 환각현상을 통제하려는 시도는 점점 발전하고 있다.

환각 현상의 이유는 무엇일까? LLM과 같은 언어 모델을 사용하는 경우, AI는 어떤 문장이 사실인지 여부를 판단하는 것 대신, 다음에 올 가능성이 가장 높은 단어를 예측해 문장을 이어가는 확률적 방식으로 설계되어 있다. 다시 말해, LLM은 진실을 말하는 데 최적화된 것이 아니라, 그럴듯하게 쓰인 문장을 생성하는 데 특화된 구조다. 그 결과, 진짜 정보와 허구가 뒤섞인 말이 자연스럽게 출력되며, LLM 스스로도 그 진위 여부를 인식하지 못한 채 확신에 찬 태도를 보인다는 것이다. 이미지 생성 모델에서의 환각은 다소 다른 개념이지만, 주어진 조건이나 현실과 맞지 않는 결과를 언제든 출력할 수 있다는 점에서는 유사하다. 예를 들면 손가락이 여섯 개로 나오거나, 요청하지 않았던 내용의 인물이나 글자가 등장하는 오류 등을 말한다 [55].

구글 바드는 거짓말은 웃어 넘길 수도 있겠으나, TnS 운영에서는 이 해프닝이 매우 현실적인 리스크로 이어진다. 만약 온라인 플랫폼이 AI가 생성해낸 콘텐츠 분석 보고서를 기반으로 콘텐츠를 잘못 삭제한다면? AI가 만들어낸 거짓 이유로 사용자 계정을 정지한다면?

속도와 효율은 AI가, 정당성과 책임은 사람이 설계해야 한다. 그렇지 않으면 플랫폼은 그럴듯한 거짓말에 휘둘려 사용자, 규제기관, 사회 모두의 신뢰를 동시에 잃을 수 있다.

### 새로운 위협에 아주 취약

마지막으로, LLM은 과거의 데이터에 없던 완전히 새로운 위협 앞에선 맥을 추리지 못한다. 예를 들어 갑자기 등장한 신종 딥페이크 기법, 전쟁터에서만 쓰이는 은어, 특정 지역에서 하루아침에 유행한 사기 패턴과 같은 위협 등. AI는 과거 통계를 끌어와 새로운 상황에 가장 그

릴듯해 보이는 답을 조합할 뿐, 데이터 안에선 찾을 수 없는 새로운 위험을 감지하거나 맥락을 해석하는 데에 턱없이 부족하다.

하지만 TnS가 매일 마주하는 현실은 정반대다. 공격자는 규칙을 우회하려고 끊임없이 새 전략을 세우고, 사회·정치적 사건은 플랫폼에 전례 없는 콘텐츠 홍수를 일으킨다. LLM의 이러한 한계를 보완하기 위해선 현장 전문가가 나서서 문제를 분석하고, 정책팀이 즉각적인 가드레일을 세워야 한다. 그런 뒤에야 새로 확보한 사례와 데이터가 모델 재학습 단계로 넘어가 AI의 도움을 통해 큰 스케일의 문제를 해결할 수 있다. 그래서 TnS의 마지막 방패는 오늘도 사람이다.

### 결론

AI, 특히 생성형 AI는 분명 TnS 산업에 눈부신 속도와 범위를 선사한다. 그러나 그 정확도는 과거 데이터의 경계 안에서만 유효하며, 저자원 언어의 공백, 환각, 새로운 위협 앞에서는 허점을 드러낸다.

## 3 사람만이 할 수 있는 일

앞서 살펴봤듯이, AI는 빠르고 넓은 범위의 작업을 처리할 수 있는 강력한 도구다. 하지만 그 판단이 언제나 정확하거나 충분히 정교한 것은 아니다. 결국 AI의 한계는 사람과의 협력을 통해서만 효과적으로 보완될 수 있다. 실제로 이 분야에서는 다양한 Human-in-the-loop(HITL)[27] 방식, 즉 사람이 개입하는 구조가 널리 활용되고 있다. 특히 사람의 개입이 꼭 필요한 세 가지 주요 시점은 다음과 같다.

---

27 Human-in-the-loop(HITL)은 AI가 혼자 판단하지 않도록, 중간에 사람이 확인하고 결정하는 방식을 일컫는다.

### 애매한 판단은 사람이: 에스컬레이션 시스템

AI든 사람이든, 누구나 봐도 명백히 문제 있는 콘텐츠도 있는 반면, 언제나 선명하지 않은 회색지대의 콘텐츠가 존재한다. 어떤 문장이 혐오 표현인지 아니면 풍자에 가까운 표현인지 판단하기 어려운 경우, 성적인 뉘앙스가 있지만 표현 수위가 애매한 이미지, 또는 맥락 없이 보면 오해하기 쉬운 유머 콘텐츠 등이 이에 해당한다.

이런 콘텐츠에 대해 AI가 내리는 판단은 종종 불확실한 결과에 머물게 된다. 그래서 AI의 판단 신뢰도가 일정 기준 이하일 경우, 자동으로 사람에게 해당 사례를 에스컬레이션 혹은 이관하는 방식으로 설계해야 한다. 사람이 개입해 판단을 내리고, 그 결정이 다시 AI 학습에 반영되도록 하는 방식이다.

이 구조는 단순히 오류를 줄이는 것에 그치지 않는다. 사람이 결정에 개입하는 순간 AI의 판단 능력을 점점 더 정교하게 만들어 주는 피드백 루프로 작동하기 때문이다. 실제로 유튜브는 2017년부터 폭력적이거나 극단주의적 성향의 콘텐츠를 탐지하기 위해 머신러닝을 도입해왔다. 이 시스템에서 AI가 탐지한 콘텐츠는 사람이 최종 검토를 맡는 이중 구조로 운영되었고, 그 결과 단시간 안에 인간 심사자가 유해 콘텐츠를 이전보다 5배 빠르게 삭제할 수 있었고, 사람의 결정이 반영되면서 기계의 성능을 더 보완할 수 있게 되었다고 보고한다 [56].

자동화된 AI 시스템과 사람의 판단이 유기적으로 연결될 때, AI의 한계를 넘어서고 사용자 안전과 신뢰도는 훨씬 높아질 수 있다.

### 판단 기준은 사람이: 정책과 골든 데이터셋

AI가 콘텐츠를 분류하고 정책을 적용하는 데 도움을 줄 수는 있지만, 그 정책의 기준 자체는 사람이 만들어야 한다. 혐오 표현, 차별, 정치적 극단성처럼 사회적으로 민감한 영역에서는 더욱 사람의 개입이 절실하다. 기술이 아무리 발전해도, 어떤 표현이 허용되는지의 기준은 문화와 맥락, 그리고 사회적 합의에 따라 달라지기 때문이다. 민감한 사안일수록 분야 전문가가 정책 초안을 검토하고, 그것이 실제로 어떤 상황에 적용될지 다양한 시나리오를 통해 실험하는 과정이 꼭 필요하다. 이 작업은 단지 형식적인 검토가 아니라 정책이 실제로 공정하게 작동할 수 있도록 만드는 핵심적인 단계다.

AI 모델을 도입해 콘텐츠 관리를 운영하고자 할 경우, 그 모델이 기준으로 삼는 골든 데이터셋[28] 구축 역시 사람의 손을 거쳐야 한다. 전문가가 판별한 데이터셋을 기준으로 AI 모델이 어떤 정확도를 내는지를 검토할 수 있다. 특히 새로운 사회 문제를 다루거나 특정 지역·문화의 맥락이 중요한 경우에는 전문가 개입의 비중이 더 늘어나야 한다.

### 악인의 입장에서 공격 개시: 레드팀

점점 더 많은 플랫폼 기업들은 자사 비즈니스에 생성형 AI를 활용한다. 이제는 누구나 손쉽게 기반모델의 API[29]를 불러와 콘텐츠 생성 서비스를 만들 수 있는 시대이기 때문이다. 하지만 앞서 살펴봤듯, 생성형 AI는 잘못된 정보 생성, 문화적 편향, 환각 현상 등 고유한 위험 요소들을 내포하고 있다.

이러한 위험을 사전에 점검하고 줄이기 위한 대표적인 방식이 바로 레드팀(Red team)이다. 쉽게 말해, 공격자 입장에서 AI를 시험해 보는

---

28 골든 데이터셋(Golden dataset): AI나 머신러닝 모델의 성능을 평가하거나 튜닝할 때 기준으로 사용하는 고품질의 데이터셋이다. 주로 정답이 붙어있고, 벤치마킹을 위한 기준점으로 사용된다.

29 API, Application Programming Interface. 앱과 앱 사이를 이어주는 다리 역할을 하는 소프트웨어 인터페이스.

것이다. 예를 들어, 누군가가 성적인 콘텐츠를 요구하거나, 특정 종교를 향한 증오적 발언이 담긴 딥페이크 영상을 만들려 하거나, 자해하는 방법을 묻는 등의 위험한 지시를 내렸을 때, AI가 어떤 반응을 보이는지 전문가가 직접 실험해 보는 방식이다. 이렇게 발견된 취약점은 출시 전 보완할 수 있다.

이런 레드팀 작업은 보통 플랫폼 내부 전문가가 수행하지만, 최근에는 외부 연구자나 시민사회 단체와 협력해 더 다양한 관점에서 점검이 이루어지는 사례도 늘고 있다. 생성형 AI에 대한 레드팀 작업 역시 사람의 개입이 빠질 수 없는 핵심적인 과정이다.

## 4  사용자도 Human-in-the-loop이다

AI가 TnS에 적용될 때의 한계를 온전히 넘어서기 위해선 AI와 전문가가 협력하는 것만으로는 충분하지 않다. TnS는 사용자까지 포함될 때 비로소 완성된다. 콘텐츠는 결국 사용자들이 만들고 소비하는 것이기 때문에 그 판단과 조치의 과정에서도 사용자 역시 Human-in-the-loop(HITL)의 한 축으로 참여해야 한다.

프로덕트 설계 단계부터 사용자에게 참여의 여지를 열어두는 것이야말로 장기적인 신뢰를 쌓는 핵심 전략이다. 실제로 실리콘밸리의 많은 플랫폼은 사용자 피드백을 반영해 정책과 프로덕트를 함께 발전시키려는 노력을 이어가고 있다. 지역과 문화, 커뮤니티 특성에 따라 콘텐츠가 받아들여지는 기준은 달라질 수 있다. 이 때문에 사용자 피드백은 콘텐츠 정책을 조정하는 데 중요한 기준이 된다. 많은 플랫폼이 커뮤니티 설문조사, 공개 토론, 피드백 프로그램 등을 통해 콘텐츠 규정을 지속적으로 업데이트하기도 한다.

그 밖에도 레딧(Reddit)과 같은 커뮤니티 기반 플랫폼은 모더레이터나 커뮤니티 운영자에게 도구와 권한을 제공함으로써 사용자 참여를 구체화하고 있다. 사용자 모더레이터는 각 커뮤니티의 고유한 맥락과 규칙에 따라 콘텐츠를 직접 관리할 수 있어, 자율성과 참여를 동시에 보장하는 실용적인 구조로 주목받고 있다.

콘텐츠에 대한 기업의 판단을 사용자와 공유하고, 결정에 이르기까지의 과정을 투명하게 공개하는 것은 단순한 인터페이스 설계로 끝나는 것이 아니다. 이는 플랫폼이 신뢰를 유지하고 책임을 다하는 방식 중 하나이자, 사용자와 함께 건강한 정보 생태계를 만들어가는 기반이다. 특히 모든 콘텐츠가 명확히 옳거나 그르다고만 판단할 수 없는 회색지대에서는 플랫폼이 판단을 일방적으로 강제하거나 삭제하기보다, 충분히 정보를 제공해 사용자가 스스로 판단 할 수 있도록 설계하는 것도 고려해 볼 수 있다. 이러한 흐름 속에서 최근 일부 플랫폼은 콘텐츠 관리나 판단을 사용자 주도 구조로 전환하고 있다.

예를 들어, 메타는 2025년 1월 기존의 외부 팩트체크 파트너십을 종료하고 X(구 트위터)처럼 커뮤니티 주도 콘텐츠 평가 시스템을 도입하겠다고 밝혔다. 기존에는 공신력 있는 기관의 판단을 토대로 콘텐츠에 진위여부를 표시했다면, 이제는 사용자들이 직접 판단에 기여하고 정보를 보완하도록 유도하는 구조로 바꾼 것이다.

비슷한 맥락에서 오픈AI는 2025년 2월, 챗GPT에서 제공되던 '오렌지 박스' 형태의 콘텐츠 경고 문구를 삭제했다. 이 경고 문구는 플랫폼 정책을 위반할 수 있는 콘텐츠가 생성되었을 때 볼 수 있었다 [57]. 오픈AI의 결정은 사용자 경험을 간결하게 만들기 위한 결정이었다지만, 동시에 사용자가 유해 콘텐츠에 대한 적절한 경고를 받을 수 없다는 것에 대한 비판이 일었다.

이 일련의 변화가 모두 긍정적인 결과를 낳을 것인지는 미지수다.

관리와 판단 구조가 분산될수록 플랫폼이 져야 할 콘텐츠 관리의 책임과 최종 판단의 무게가 사용자에게 전가될 수 있다는 우려도 함께 제기된다. 플랫폼은 기술을 운영하는 주체이자 디지털 콘텐츠 생태계의 중심에 있는 플레이어로서, 지속적으로 책임 있는 관리자의 역할을 수행해야 한다.

사용자 참여를 독려하는 것은 어디까지나 신뢰와 투명성을 높이기 위한 수단이어야 하며, 책임을 회피하기 위한 방식이 되는 것은 위험하다.

## 5. 터뷸런스를 헤쳐가는 법: 신뢰와 정당성

AI가 만들어낸 혼돈의 소용돌이 속에서, TnS는 이제 AI와 손을 맞잡고 이 터뷸런스를 함께 지나가고 있다. AI는 TnS 업무에 속도를 더하고, 더 많은 유해 콘텐츠를 더 빠르게 걸러낼 수 있도록 돕고 있다. 하지만 진짜 중요한 건 속도나 효율이 아니라 신뢰와 정당성이다. 아무리 뛰어난 기술이 있더라도, 그 판단이 항상 옳거나 정교하다고 볼 수는 없다. 결국 AI의 한계는 사람과 함께할 때에만 제대로 극복할 수 있다. 온라인 콘텐츠를 제대로 관리하려면, 사용자, 전문가, 기술 개발자, 그리고 커뮤니티가 함께 참여하고 협력하는 구조가 필수적이다. 그래야만 AI가 내린 판단에도 사회적 정당성이 더해지고, 안전하면서도 공정한 기술이 현실이 될 수 있다.

**자가 테스트**

## 내 디지털 일상 속 Trust and Safety는 어디에 있었을까?

다음 문항을 읽고, YES라고 대답한 항목의 수를 세어보자. 당신의 일상 속에서도 누군가의 보이지 않는 설계가 이미 작동하고 있었다.

☐ 별 생각 없이 댓글을 쓰려다 "이 표현은 공격적으로 보일 수 있습니다"라는 경고 메시지를 보거나 자동으로 *** 마스킹되어 게시된 적이 있다.

☐ '자살', '전쟁', '혐오' 같은 키워드를 검색했는데, 상담 링크나 경고 배너가 먼저 뜬 적이 있다.

☐ 스트리밍이나 라이브 방송을 보다가 '정책 위반' 알림과 함께 갑자기 화면이 꺼지거나 중단된 적이 있다.

☐ '이건 좀 아닌데?' 싶은 콘텐츠를 신고했고, 며칠 후 삭제됐다는 알림을 받아본 적이 있다.

☐ 댓글 차단, 키워드 제한, 연령 제한 같은 '안전 설정'을 내가 직접 켜본 적이 있다.

☐ '플랫폼 커뮤니티 정책이 업데이트되었습니다'라는 알림을 실제로 눌러서 정책을 읽어본 적이 있다.

☐ 어떤 인플루언서가 계정이 해킹당했다며, 플랫폼에 얼굴과 신분을 인증해야 복구할 수 있었다고 한 것을 본 적이 있다.

☐ 한 플랫폼에서는 계속 보이던 자극적이거나 허위성 높은 콘텐츠가 다른 플랫폼에서는 거의 보이지 않는 걸 보고 의아했던 적이 있다.

☐ '이건 AI가 만든 콘텐츠입니다' 또는 '민감한 콘텐츠입니다. 그래도 보시겠습니까?' 같은 표시를 실제로 본 적이 있다.

이 중 단 하나라도 경험한 적이 있다면, 당신은 이미 TnS의 세계 한가운데에 있었다는 것이다!

6장
AI의 한계, 그리고 인간이 개입해야 하는 순간

# 4부

**7장**

새로운 기회: Trust and Safety 커리어 로드맵

**8장**

혼자 싸워 이길 순 없다: 공통의 적에 맞서는 글로벌 연대

**9장**

AI 공존의 시대: 안전의 주권, 이제는 우리의 선택

# 더 안전한 디지털 세상, 이제는 우리가 설계할 차례

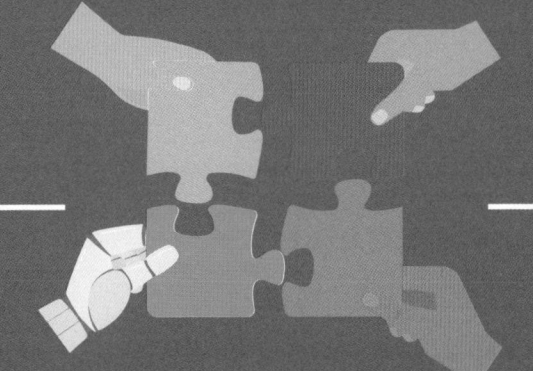

## 7장

# 새로운 기회:
# Trust and Safety 커리어 로드맵

> "이 분야는 아직 완성되지 않았다.
> 지금 커리어를 시작하기에도 충분한 기회가 열려 있다."

**들어가는 글**

Trust and Safety(TnS)는 AI 시대의 핵심 산업으로 빠르게 성장하고 있다. 이미 하나의 독립 산업으로 자리잡았으며, 테크 기업 안팎에서 다양한 전문 직군이 참여하고 있다. 실리콘밸리에서 실제로 자주 마주칠 수 있는 TnS 직무군을 소개하며, 이 분야에 뛰어들 수 있는 현실적인 방법을 제안한다.

### 1 / AI 시대, 지금 뛰어들어도 늦지 않았다

기술이 빠르게 진화하면서 TnS 산업 역시 눈에 띄게 성장하고 있다. 한때는 기술을 만드는 엔지니어가 테크 산업의 중심이었다면, 이제는 기술 발전을 안전한 방향으로 이끄는 자들의 역할이 더욱 중요해지고 있다. 생성형 AI라는 강력한 도구가 모두에게 주어진 지금, 그 힘을 더 나은 사회를 만드는 데 쓰이도록 이끄는 사람이야말로 진정 필요한 존재다.

저자 역시 이 분야에 들어올 때 정해진 길을 따른 것은 아니었다. 업계에서 일하며 무엇보다 강하게 느낀 점은, 이 분야에 예상치 못한 다양한 배경의 전문가들이 함께하고 있다는 것이다. 법학, 정책, 심리학, 컴퓨터 공학은 물론이고, 전공과 경력의 틀을 넘나드는 사람들도 많다. 다시 말해, TnS에는 정석의 진입 루트란 없다.

필요한 것은 몇 가지 핵심 역량이다. 변화에 민감하게 반응하는 감각, 기술의 속도를 따라잡는 민첩함, 그리고 끊임없이 배우려는 태도이며, 무엇보다도 세상을 조금 더 안전하고 공정하게 만들겠다는 의지가 필요하다. TnS가 마주한 세상은 지금 이 순간에도 더 커지고 복잡해지며, 다양해지고 있다. 이 변화 속에서 '내가 이 산업에 어떤 기여를 할 수 있을까'라고 자문하는 사람이라면, 누구든 도전할 수 있다.

이 책을 쓰게 된 이유도 바로 여기에 있다. 실리콘밸리와 샌프란시스코에서 수많은 글로벌 TnS 전문가들과 함께 일해왔지만, 그 가운데 한국인을 만나는 일은 정말 드물었다. 정말 뛰어난 한국인 엔지니어는 많지만 아쉽게도 이 산업의 존재는 잘 알려지지 않았고, 관련 직무를 설명하면 "그런 일이 있어요?"라며 의아해하거나 놀라는 반응이 많다. 지금이야말로 많은 한국인들이 이 산업에 진입할 수 있는 결정적인 시점이라고 믿는다. 늦지 않았다. 오히려 규제, 기술, 정책, 산업 구조 모두가 빠르게 바뀌는 지금이 그 기회다.

이 장에서는 그 기회에 대해 이야기해 보려 한다.

## 2 진입 경로는 다양하다: 기업, 학문, 창업 등

### 테크 회사 내 TnS 직무 소개

TnS라는 분야는 하나의 직무가 아니다. 여러 역할과 전문성을 가진 사람들이 팀을 이루어 운영되는 복합적 시스템에 가깝다. 앞서 4장에서 소개했듯이, 같은 목표를 향해 가지만 각자가 맡는 역할은 서로 다르고, 요구되는 역량과 업무도 크게 다르다. 무엇보다 중요한 점은, 이 분야가 꼭 엔지니어나 기술자만을 위한 세계는 아니라는 것이다. **문과 계열 출신이나 비기술적 배경을 가진 사람들도 테크 기업에서 중요한 역할을 할 수 있는 분야가 바로 TnS다.**

대표적인 역할별 직무와 요구되는 역량, 그리고 2024~2025년 기준의 정규직 평균 연봉을 Glassdoor에서 제공하는 정보와 다양한 채용 공고를 기반으로 작성되었다. 다만, 정확한 직무의 명칭과 역할은 기업마다 조금씩 상이할 수 있다.

> 다음 두 직무는, 플랫폼의 최전선에서 콘텐츠를 선별하며, 인권, 문화, 사회와 개인의 신념에 깊은 영향을 미치는 중요한 역할이다.

### ① Trust and Safety Generalist

가장 보편적인 TnS 직무 중 하나는 콘텐츠 모더레이터 또는 TnS 제너럴리스트다. 이들은 플랫폼 내에서 발생하는 각종 악용 사례나 정책 위반 사례를 모니터링하고 분석하여, 사용자들이 안전하게 플랫폼을 이용할 수 있도록 일선에서 대응한다. 이 업무는 단지 신고된 콘텐츠를 삭제하는 일이 아니라, 실제로 데이터를 분석하고, 케이스의 맥락을 파악하고, 필요한 경우 추가 조치를 설계하며 정책에도 영향을 주는 중심적인 업무다. 여러 배경과 분야에서 경력을 쌓은 사람들이 이 역할로 유입되며, 분석력과 사건 해결 능력, 그리고 위기 상황에서의 침착함이 특히 중요한 자질로 평가된다. 실리콘밸리 기준으로, 이 직무의 엔트리-중간 레벨 연봉은 약 7만에서 12만 달러 수준이며, 기업에 따라 주식 보상과 보너스가 함께 제공된다.

### ② Trust and Safety Subject Matter Expert

다음으로는 TnS 분야 전문가(Subject Matter Expert, SME)라고 불리는 직무가 있다. 이들은 주로 특정 분야나 문화권 전문지식을 갖고 있다. 보통은 특정 국가의 문화·언어 전문가이거나, 아동 보호나 테러 콘텐츠 등 특정 분야의 학문적 또는 실무적 전문성을 가진 인재들이 이 포지션에 진입한다. 콘텐츠 모더레이터나 제너럴리스트가 심사에 전문지식이 필요할 경우, SME에게 이관하는 구조가 일반적이다. SME는 사례 판단을 넘어서, 특정 분야나 문화권에서 볼 수 있는 회색 지대를 정의하고, 조직 전체가 해당 이슈에 일관되게 대응할 수 있도록 돕는다. 따라서 SME에게는 무엇보다 전문 지식, 실용적 판단력, 그리고 이를 명확히 설명하고 설득할 수 있는 커뮤니케이션 능력이 요구된다. 이 직무의 엔트리-중간 포지션의 경우 보통 11만에서 17만 달러 수준의 기본 연봉에 주식과 보너스가 포함된다.

> 다음은 전략과 설계를 담당하는 핵심 직무이다. 위해 콘텐츠에 대한 대응을 넘어, 어떤 콘텐츠가 허용되는지의 기준을 만들고, 플랫폼이 안전한 프로덕트를 만들 수 있도록 개발 과정 전반에 개입하는 사람들이다.

### ③ Platform or Content Policy Manager

플랫폼 정책 담당자(Platform or Content Policy Manager)는 사용자들이 자사 플랫폼에 게시할 수 있는 콘텐츠와 허용되는 행위의 기준을 설정한다. 즉, 누구나 쉽게 보고 이해할 수 있는 커뮤니티 가이드라인을 설계하고, 법적 요구사항을 충족하는 동시에 사용자 기대를 만족시키는 정책을 수립하는 역할이다. 이 직무는 TnS 분야에서 모더레이터나 전문가로서 실무 경험이 있는 사람에게 유리하다. 실제로 정책이 집행되었을 때 나타나는 문제들을 사전에 대비하고 관련한 대응책을 마련하는 것도 업무에서 중요한 부분이다. 주로 사회학, 심리학, 법학 또는 정책 분야를 전공하거나, 연구 경험이 풍부한 사람들에게 특히 열려 있다. 이 직무에서 가장 중요한 역량은 주로 글쓰기 능력과 소통 능력이다. 사용자에게 공개되는 가이드라인부터 내부 운영팀이 참고하는 기준까지 모든 문서가 명확하고 일관되게 전달되어야 한다. 실리콘밸리 기준으로 이 직무의 연봉은 엔트리-중간 레벨일 경우 13만에서 18만 달러 선이며, 시니어급으로 갈 경우 18만에서 23만 달러 정도로 형성된다. 여기에 기업에 따라 주식과 보너스도 포함된다.

④ Product Policy Manager

플랫폼이 프로덕트를 만들기 전부터 사용자 안전과 위해에 대한 방지 설계를 책임지는 사람이 바로 프로덕트 정책 담당자(Product Policy Manager)다. 이들은 안전한 프로덕트 설계(Safety by Design) 원칙을 기반으로, 신기능이나 신기술이 개발되는 모든 단계에서 안전 기준이 반영되도록 가이드를 제공한다. 콘텐츠 추천 알고리즘, 생성형 AI 기능, 콘텐츠 신고 시스템 등에서 발생할 수 있는 TnS 측면에서의 문제를 사전에 분석하고, 위해를 최소화할 수 있도록 여러 프레임워크나 프로덕트 정책을 설계하는 것이 주 업무다.

법학, 공공정책, 또는 TnS 실무 경험이 있는 인재들이 주로 진입하며, 3-5년 이상의 관련 경력을 요구하는 경우가 많다. 이 직무에서 가장 중요한 역량은 커뮤니케이션과 협업이다. 프로덕트 매니저가 주 "고객"이라고 볼 수 있고, 프로덕트를 같이 만들어가는 엔지니어와도 소통하며 사용자 안전을 기술 설계에서 우선순위로 설정할 수 있도록 이

끈다. 이 역할은 기술적인 이해와 함께 비즈니스적 목표와 윤리 기준의 충돌을 조율할 수 있는 조정력과 소통 능력이 핵심이다. 경력자 중심의 채용이 많은 만큼 기본 연봉은 18만~23만 달러 이상을 받는 경우가 많다. 다른 포지션과 같이 주식과 보너스가 별도 지급된다.

> 다음은 조금의 기술적 배경이 있다면 취업에 도움이 될 수 있는 직무다.

### ⑤ Red Team

이 역할은 보다 공격적인 관점에서 플랫폼을 점검하는 역할인 레드 팀(Red Team)이다. 이들은 악용자(트롤, 사기범, 해커)의 시선으로 **플랫폼의 안전 취약점을 시뮬레이션하는** 전문가들이다. 일종의 윤리적 해커 역할로, 안전 취약점을 실험하고, 알고리즘 악용 가능성이나 신고 시스템의 한계를 테스트하여 개선 방향을 제시한다. 주로 전문 경력을 가진 사람들이 이 역할에 진입하고, 기본적으로 시나리오 설계, 취약점 분석, 소셜 엔지니어링 능력 등이 요구된다. 이 직무는 신입 채용이 드물고 대부분 중간 이상 경력직 중심이다. 이 직무는 경력과 전문 분야에 따라 받는 연봉 편차가 크다.

### ⑥ Safety Product Manager

마지막으로, 실제 프로덕트를 설계하고 만들어가는 안전 프로덕트 매니저(Product Manager, PM)는 사용자 신뢰와 안전을 UI와 UX로 실현하는 역할이다. 이들은 사용자 신고 기능, 콘텐츠 필터링 시스템, 악용 감지 알고리즘 등 안전 기능 전반을 기획하고 설계를 총괄한다. TnS 배경이 있거나, 일반적인 프로덕트 매니징 경험이 있는 사람들이 진입하며, 프로덕트 개발 사이클에 대한 깊은 이해와 데이터 기반 의사결정 능력이 중요하다. 직접 코딩을 하지 않더라도 기술적 원리를 이해하고 팀과 원활히 소통할 수 있어야 하며, 통계나 사용자 리서치에도 익숙해야 한다. 이 직무는 평균적으로 보상이 높은 편이고 경력직 기준 18만~28만 달러 수준의 연봉이 일반적이고, 회사 규모에 따라 그 이상을 받는 사례도 많다. 이 직무도 기업에 따라 주식과 보너스가 별도 지급된다.

### TnS 스타트업 소개

TnS 산업이 커지면서 이제는 대형 테크 기업뿐 아니라 이 분야에만 집중하는 스타트업들도 빠르게 성장하고 있다. 특히 생성형 AI가 고도화되면서 이를 악용하는 사용자가 늘었고, 이에 대응할 솔루션을 설계하는 창업자들도 전 세계적으로 등장하고 있다. 실제로 많은 TnS 스타트업들이 Y 콤비네이터(Y Combinator), a16z, 세쿼이어 캐피털(Sequoia Capital) 등 엑셀러레이터나 주요 벤처 캐피털 투자자들로부터 초기 투자를 유치했고, 일부는 대형 테크 기업에 인수되며 빠르게 스케일업하거나, 성공적인 엑싯(exit)을 경험했다.

미국의 금융 데이터 플랫폼인 피치북(PitchBook)의 2023년 보고서에 따르면, TnS 스타트업은 그 해에만 총 3억 2,400만 달러의 투자를 유치했는데, 이는 2019년의 4,850만 달러 대비 6배 이상 증가한 수치다 [58]. 이는 온라인 안전에 대한 시장의 관심과 수요가 그만큼 커졌다는 증거이기도 하다. TnS 스타트업은 창업자뿐만 아니라 초기 멤버로 참여하려는 사람들에게도 다양한 진입점이 열려 있다.

**대표적인 TnS 스타트업으로는 다음과 같은 기업들이 있다:**

1. 액티브펜스(Active Fence)는 이스라엘 기반 기업으로, AI를 활용한 콘텐츠 관리와 유해 콘텐츠 탐지 기술을 제공한다. 글로벌 대형 플랫폼들을 대상으로 솔루션을 제공하고 있으며, 이미 1억 달러 이상의 자금을 유치했고, 2021년 기준 기업가치는 5억 달러 이상에 달했다. 기술력뿐 아니라 운영 안정성 측면에서도 인정을 받은 대표적인 시리즈 B 단계의 기업이다.
2. 체크스텝(Checkstep)은 영국 기반의 초기 단계 스타트업으로, 주로 중소형 플랫폼과 협업하며 콘텐츠의 자동 검토 시스템을 개발하고 있다. AI 기술을 통해 텍스트, 이미지 등 다양한 콘텐츠를 자동으로 감지하고 조치할 수 있는 플랫폼을 제공하며, 현재까지 약 740만 달러의 투자를 유치한 시드 단계 기업이다.
3. 신더(Cinder)는 미국에서 메타 출신의 전문가들이 설립한 스타트업으로, TnS 실무자들을 위한 운영 툴을 중심으로 한 서비스를 제공하고 있다. 콘텐츠 관리, 정책 적용, 사례 조사, 신고물 관리 등 TnS 팀의 내부 업무 흐름을 체계화하고 자동화하는 데 초점을 맞추고 있으며, 현재까지 약 1,400만 달러의 투자를 받은 시리즈 A 기업이다.

## 학문적 진입 방법

여전히 빠르게 진화하는 신생 산업이다 보니, 아직까지 TnS 학과나 디지털 콘텐츠 정책학처럼 이름이 명확히 붙은 전공은 거의 없다. 하지만 그 점이 오히려 이 분야의 강점이기도 하다.

저자가 졸업한 스탠퍼드 대학교의 국제 정책학 석사과정(Master's in International Policy at Stanford)이 그 대표적인 예다 [59]. 이 프로그램은 프랜시스 후쿠야마(Francis Fukuyama)가 담당 지도교수이며, 미카엘 맥폴(Michael McFaul)[30]과 앤드류 그로토(Andrew Grotto)[31] 등 세계적인 교수진과 함께 기술 거버넌스, 사이버보안 정책, AI 정책 등 TnS와 직결된 커리큘럼을 제공한다.

이 프로그램의 가장 큰 강점은 스탠퍼드라는 네트워크 안에서 축적된 TnS 리소스를 활용할 수 있다는 점이다. 사이버 정책 센터(Cyber Policy Center), 인간 중심 AI 연구소(Human-Centered AI Institute, HAI), 아시아 태평양 연구소(Asia-Pacific Research Center, APARC), 스탠퍼드 인터넷 관측소(Stanford Internet Observatory, SIO)와 같은 세계 최고 수준의 연구기관들이 한 캠퍼스에 밀집해 있다. 많은 학생들이 이 기관들과 연계된 연구 프로젝트에 참여하거나, 빅테크 기업과의 공동 세미나를 통해 실무 경험을 쌓는다. 이러한 환경 덕분에, 이 프로그램 졸업생들은 실리콘밸리의 다양한 온라인 플랫폼 기업에 자연스럽게 유입되고 있다. 저자 역시 이 과정을 통해 TnS에 대한 이론적 기반을 다졌고 디스코드라는 플랫폼의 실무 현장으로 나아갈 수 있었다.

물론 스탠퍼드만이 유일한 길은 아니다. 다양한 대학에서 공공정책학, 기술정책, 온라인 거버넌스 관련 석사 과정을 운영하고 있으며, 자신의 경험과 강점에 맞춰 전략적으로 선택하는 것이 중요하다. 예를 들어, 미국의 대표적인 정책 연구기관인 랜드(RAND Corporation)에서 자체 운영하는 파디 대학원(Pardee Rand Graduate School)이 최근 기술정책 석사과정(Master of Technology Policy)을 신설했다. 장학금도 넉넉

---

[30] 미카엘 맥폴(Michael McFaul): 현 스탠퍼드 국제학 연구소 소장, 오바마 행정부 시절 주러시아 미국 대사, 전 백악관 국가안보회의 러시아-유라시아 담당 수석 보좌관

[31] 앤드류 그로토(Andrew Grotto): 현 스탠퍼드 국제안보센터 선임 연구원, 전 백악관 국가안보회의 선임국장, 오바마 및 트럼프 행정부에서 사이버보안 정책 총괄

한 편이며, AI 정책, 신기술에 대한 윤리적 고려사항 등 실용적인 주제를 중심으로 구성되어 있다. 세계 최고 수준의 실전형 정책 연구기관에서 직접 운영하는 석사 프로그램이라는 점에서 의미가 크고, 실무에 바로 적용 가능한 교육을 원하는 사람에게 좋은 옵션일 것이다. 듀크 대학교 (Duke University)의 공공정책 석사과정(MPP, Master of Public Policy)에는 기술정책 특화 과정이 포함되어 있고, 이 외에도 컬럼비아 대학교 (Columbia University)를 포함한 많은 공공정책 석사 프로그램(MPP)은 유사한 커리큘럼을 운영하고 있다. MPP 프로그램은 MBA 트랙과 유사하게 졸업 후 바로 실무로 전환하려는 이들에게 적합한 경로로, 커리어 전환을 위한 석사 과정으로 매우 적합하다.

각 대학이 제공하는 교육 과정과 지원 제도는 제각기 다르다. 학교의 명성도 중요하지만, 그보다도 학교가 보유한 자원, 프로그램의 특장점, 졸업생들의 진로와 취업 현황, 지역적 특성 등을 종합적으로 고려해 선택하는 것이 핵심이다.

## 3 / 어디서 시작할 것인가?

### 미국 빅테크 기업에 도전: 실질적 전략

한국에서 실리콘밸리나 샌프란시스코 기반의 회사에 바로 도전하려면 넘어야 할 언어적, 지리적 장벽이 있는 것도 사실이다. 많은 경우 미국 내 거주자를 우선 채용하는 경향이 있다. 한국에서 지원해 최종 오퍼를 받더라도, 비자나 거주지 변경 등의 문턱은 존재한다. 그렇다고 해서 이 글로벌 시대에 불가능한 것은 없다. 실제로 이 산업에서 활동하고 있는 수많은 전문가들 중에는 다양한 경로로 다양한 국가에서 진입한 사람들도 많다. 특히 TnS는 이제 막 체계가 잡혀가고 있는 중이기 때문에 오히려 비정형적인 백그라운드가 경쟁력이 될 수 있다. 중요한 건 전략이다.

가장 먼저 강조하고 싶은 전략은 레퍼럴(지인 추천)이다. 현재 실리콘밸리에서는 TnS에 대한 관심이 높아지면서, 하나의 포지션에 수천 명이 몰리는 일이 비일비재하다. 여기에 더해 최근 몇 년간 대규모 구조조정과 재택근무 종료 정책(Return to Office, RTO)으로 인한 이직 시장의 경쟁이 더욱 치열해졌다. 이런 상황에서 그저 지원서만 내는 것은 경쟁력을 갖기 어렵기 때문에 현직자에게 직접 소개를 받는 것이 훨씬 강력한 진입 수단이 된다.

또 하나 현실적인 방법은 링크드인이라는 플랫폼을 활용하는 것이다. 관심 있는 기업의 TnS 관련 실무자를 팔로우하고, 그들에게 정중하게 메시지를 보내보자. 처음 연락하는 것이 부담스러울 수 있지만, 이 분야에서는 오히려 이런 접근을 적극적이고 성의 있는 태도로 받아들인다.

"30분만 커피챗을 할 수 있을까요?" "TnS 분야에 진입하고 싶은데 조언을 구하고 싶습니다"와 같은 간단한 인사로도 관계는 시작된다.

실제 대화를 통해 얻게 되는 인사이트는 지원 전략뿐 아니라, 커리어 방향성 설정에도 큰 도움이 된다. 특히 대화 상대가 당신이 관심 있는 팀에 속해 있거나 비슷한 배경을 갖고 있다면 더 도움이 될 것이다. 짧은 대화를 통해서 그 사람이 속한 팀의 분위기나 추구하는 인재상에 대해 더 구체적인 정보도 얻을 수 있다.

링크드인에서 활발히 활동하는 사람들은 TnS 산업의 트렌드, 문제의식, 고민 등을 자주 공유하기 때문에, 그들의 콘텐츠를 꾸준히 읽으며 실시간으로 공부하는 것도 매우 유익하다.

또 전 세계 TnS 전문가들의 플랫폼인 Trust and Safety Professional Association(TSPA)을 통해 커리어 기회를 찾아볼 수 있다. 북미는 물론 아시아와 유럽 지역에서도 정기적으로 오프라인 네트워킹 행사와 컨퍼런스를 개최하며, 온라인 플랫폼에서는 여러 웹강의와 자료들을 다운받을 수도 있다. TSPA는 단순한 모임이 아니라, 실제 채용 기회로 이어질 수 있는 커뮤니티다. 연례 TrustCon 컨퍼런스에는 채용 담당자들이 직접 참여해 인재를 찾기도 하고, "Open to Work(구직합니다!)" 뱃지를 달고 기회를 모색하는 참가자들도 많다. 무엇보다, 서로 도와주려는 협력의 마인드가 강한 커뮤니티이기 때문에 한국인 참가자가 드물다는 점은 오히려 기회가 될 수 있다. 적극적인 참여를 강력히 추천한다.

마지막으로, TnS 산업의 흐름을 빠르고 깊이 있게 파악하고 싶다면 케이시 뉴튼(Casey Newton)이 운영하는 저널리즘 플랫폼, 플랫포머(Platformer)를 추천한다. 그는 오랫동안 TnS, 플랫폼 책임, 온라인 안전 문제를 전문적으로 다뤄온 저널리스트이며, 최근에는 생성형 AI가 TnS에 미치는 영향을 집중적으로 분석하고 있다. 플랫포머를 구독하면 주요 실리콘밸리와 샌프란시스코 기업의 TnS 정책 변화, 내부 논쟁, 스캔들 등 실무와 연결된 현실적인 정보를 실시간으로 접할 수 있다.

### 창업: 한국에서 시작해 해외로 확장할 수 있다

TnS는 기업 취업만을 위한 분야가 아니다. 이 분야는 기술과 사회, 정책과 사용자 경험을 연결하는 접점이자, 창업가 정신이 빛을 발할 수 있는 새로운 기회의 장이다. 특히 AI 기술이 빠르게 대중화되는 지금, 플랫폼의 책임과 안전에 대한 수요는 앞으로도 계속 증가할 것이다. 실제로 실리콘밸리의 초기 창업 지원 기관들, 예를 들어 Y 콤비네이터 같은 액셀러레이터에서는 TnS 관련 스타트업들이 점차 늘고 있다. 생성형 AI, 콘텐츠 모더레이션, 위험 탐지, 데이터 안전성 등 다양한 주제를 다루는 스타트업 기업이 투자를 유치하고, 빠른 시일 내에 인수합병되거나 수익화에 성공하는 사례도 늘고 있다.

중요한 것은 문제 해결의 방향성이다. 한국에서 출발하더라도, 글로벌 문제를 겨냥해 설계된 솔루션이라면 미국 시장에서도 통할 수 있다. 실제로 지금의 글로벌 TnS 생태계 흐름 속에서 다음과 같은 창업 아이디어를 현실화해 볼 수도 있다.

### ① TnS 인프라 솔루션 컨설팅 플랫폼

플랫폼을 처음 운영하는 스타트업이나 기업을 대상으로, 기본적인 TnS 가이드라인, 콘텐츠 정책 설계, API 기반 콘텐츠 감지 기술을 기술 컨설팅과 함께 제공하는 서비스를 떠올릴 수 있다. 한국에는 이러한 기능을 자체 개발할 역량이 부족한 소규모 기업이 많기 때문에, 분명 수요가 존재할 것이다.

### ② 한국 전문 AI 레드팀 서비스

생성형 AI 플랫폼을 출시하는 글로벌 기업을 위해 한국 정치, 문화, 법적 리스크에 특화된 레드팀 서비스를 생각해 볼 수 있다. 예를 들어, 특정 챗봇이 한국어로 성차별적 발언을 하거나, 지역감정을 자극하는 내용을 생성할 가능성을 테스트하고, 한국 내에서 AI가 수행하기 어려운 행동 시나리오를 검증하는 방식이다. 이 서비스는 글로벌 기업이 한국 시장에 진출하기 전 필수적으로 이용해야 하는 표준 모델로 자리 잡을 수 있으며, 수출형 서비스로도 확장 가능하다.

### ③ AI 개발을 위한 한국 전문 데이터 플랫폼

한국 문화권에서 문제시되는 성차별, 정치 편향, 욕설, 가짜뉴스, 지역감정 등 유해 요소를 반영한 고품질 데이터셋 및 안전성 테스트 세트를 제작해 글로벌 기업에 서비스하는 것. 특히 한국 사용자에 대한 문화적 맥락을 이해하려는 글로벌 플랫폼들을 대상으로, SME-as-aservice(전문가 지식 제공 서비스)로 확장 가능하다.

비즈니스 기회를 넘어 AI의 위해를 해결하는 사회적 기업 모델로도 발전시킬 수 있다. 한국이라는 문화적·정치적 맥락에서 출발한 문제의식이 글로벌 플랫폼이 겪는 공통의 과제를 해결하는 데 기여할 수 있다면, 한국발 창업이 곧 세계를 향한 해답이 될 수 있다.

### 그 외 다른 진입 루트

지금 한국에 있는 직장인이든, 대학생이든, 심지어 청소년이든 각자의 위치에서 TnS 산업에 진입할 수 있는 방법은 분명히 존재한다.

#### ① 비전공자 또는 청소년을 위한 실무 진입·창업 루트

아직 대학에 진학하지 않았거나, 전공이 TnS와 관련 없어도 진입 가능성은 충분하다. 일부 콘텐츠 운영, 모더레이션, 사용자 지원 등 실무 역할은 학위 없이도 시작할 수 있다. 특히 기획력, 기술 이해도, 커뮤니케이션 감각이 뛰어난 사람이라면 인턴십이나 프로젝트를 기반으로 직접 경로를 개척하는 것도 가능하다. 이 분야는 무엇보다 빠른 실행력과 위해에 대한 이해가 중요한 산업이다. 학교 밖에서 더 과감하게 도전할 수 있는 사람에게 길은 열려 있다.

#### ② 해외 석사 과정을 통한 진입

정책, 기술, 윤리, 사회학, 커뮤니케이션 등 TnS와 관련된 분야로 석사 과정을 밟는 것은 매우 현실적인 진입 전략이다. 졸업 후에는 테크 기업의 정책팀, 리서치팀, AI 윤리 부서 등에서 커리어를 시작할 수 있고, 석사 과정 자체가 '기술 중심의 세계로' 들어가는 징검다리 역할을 해주기도 한다.

저자 역시 비전공자로서, 테크 업계에서 일했던 사람이 아닌 한 명의 직장인이었다. 그저 기술이 사회의 불평등에 미치는 영향에 대한 질문으로 시작했다. 이 문제를 구조적으로 파고들고 싶었고, 결국 기술의 핵심부에 가까이 가보자는 결심으로 미국 대학원 진학을 준비했다. SOP(학업계획서)에서는 기술이 사회 구조와 기존의 불평등과 충돌하는 지점에 대한 문제의식을 중심으로 서술했다. 어떻게 이 불평등의 구조를 바꾸는 데 기여하고 싶은지를 구체적으로 풀어냈고, 그 진심이 통한 덕분인지, 스탠퍼드를 포함해 하버드, 컬럼비아, 시카고대, 듀크 등 여러 프로그램에 합격할 수 있었다. 스탠퍼드에서는 약 20만 달러에 달하는 장학금(학비+생활비)을 지원받았다. 이 선택은 저자의 커리어에 있어 중요한 전환점이 되었다.

물론 유학이 쉽다는 말은 아니다. 그러나 많은 이들이 걱정하는 '경제적 장벽'과 '합격의 문턱'은 생각보다 낮을 수도 있다. 미국의 일부 석사 프로그램은 자신의 방향성과 열정이 분명하다면 전액 장학금을 제공하기도 하고, 석사 기간 중 연구조교(RA)나 수업조교(TA)로 일하며 실제 경험을 쌓으면서 생활비를 함께 확보하는 것도 가능하다.

### ③ 박사 후 경력을 살린 전문 진입 루트

국내외 박사 학위를 수료하고 TnS 분야에 진입하는 경우, 보다 심화된 정책 설계나 윤리적 판단이 요구되는 역할을 맡을 수 있다. 예를 들어 특정 위해군에 대한 정책 개발, AI 모델의 편향성 분석, 리스크 시뮬레이션 설계, 가이드라인 수립 등이 이에 해당한다. 특히 아동 안전, 혐오 표현, 정치 콘텐츠 등 고위험 영역에서는 정치학, 심리학 등 박사급 전문가들이 활발히 활동 중이다.

### ④ 글로벌 기업 아시아 지사를 통한 진입 전략

구글, 메타, 틱톡 등 글로벌 기업들은 싱가포르, 일본, 호주 등지에 아시아태평양(APAC) 지역 오피스를 운영하고 있다. 이 지사들에서 TnS

업무를 맡으며 커리어를 시작하는 것도 좋은 전략이다. 영어 실력은 여전히 중요하지만, 한국어 능력과 한국 문화에 대한 이해는 엄청난 경쟁력이 될 것이다.

## 4. 디지털 안전의 핵심, TnS

물론, 한국에도 온라인 플랫폼에서 신뢰와 안전을 다루는 직무가 존재하고, 관련한 석박사 프로그램이나 성장 중인 스타트업도 분명 있을 것이다. 그러나 TnS 인재 발굴에 있어 정부의 정책적 지원은 여전히 부족하고, 교육 기관에서도 TnS 인재 지원에 중점을 둔 체계적인 투자와 연구는 많지 않은 상황이다. 또한 기업 내부에서는 TnS 직무가 법적 규제 대응을 위한 소극적인 포지션으로 한정되는 경우가 많다.

한국에서 TnS 산업이 한 단계 더 성장하려면, 단지 법을 지키기 위한 설계가 아니라, 사회 전체의 디지털 안전을 설계하는 핵심 인프라로 이 산업을 바라보는 관점의 전환이 필요하다. 플랫폼 관리, 콘텐츠 안전, 책임에 대한 사회적 논의가 더 활발해지고 이 분야에 대한 고민이 더 깊어져야 한다. 특히 AI가 어디까지 얼마나 빠르게 발전할지 예측할 수 없는 지금, 기술이 야기할 문제를 어떻게 함께 해결할 것인가에 대한 고민은 더 이상 미룰 수 없는 과제다.

**실천 체크리스트**

## 오늘, 이 자리에서 시작하는 Trust and Safety

당신의 현재 위치에 따라 지금 바로 시작할 수 있는 첫걸음을 제안한다.

**1. 해외 취업을 고민한다면**

글로벌 기업의 아시아 지사 채용부터 살펴보자. 구글, 메타, 틱톡의 싱가포르와 일본 등의 아시아 지사에서는 TnS 관련 한국 전문가 포지션을 수시로 채용한다. 한국어 능력과 한국 문화에 대한 지식이 있다면 도전해 볼 수 있다. 언어나 거주지 이동에 있어 큰 장벽이 없다면 실리콘밸리나 샌프란시스코 본사 포지션도 충분히 도전할 수 있다.

지금 당장 이직하는 것이 목표가 아니더라도 링크드인에 올라오는 채용 공고(job description)를 꾸준히 읽는 것만으로도 어떤 역량이 필요한지, 그들이 어떤 일을 하는지에 대한 이해를 넓힐 수 있다. 어떤 일을 더 채용하느냐에 대한 인사이트는 테크 기업의 **자본과 투자가** 어디로 향하는지에 대한 신호이기도 하니 관심을 갖고 보는 것을 추천한다.

▶ **지금 당장 할 수 있는 실천**

☐ 링크드인에서 'Trust and Safety', 'AI Safety', 'Tech Policy', 'Red Team', 'Product Policy', 'Platform Policy' 등으로 채용 공고 검색해 보기

☐ 관심 기업 실무자를 링크드인에서 팔로우하고 커피챗 요청(Tip: 캐주얼하되, 정중하게 그리고 정확한 목적을 아주 간단한 메시지 형식으로 전달하는 것이 핵심이다. 물론, 간단히 자기 소개와 어떤 열정이나 관심이 있는지 한 줄로 설명하는 것도 좋은 방법이다.)

- [ ] 채용공고를 바탕으로 자신의 역량과 경험을 정리하고 영문 이력서 업데이트해 보기
- [ ] Platformer, Everything in Moderation, All Tech is Human 등 뉴스레터 구독해보기(Tip: 영어로 써진 뉴스레터지만 생성형 AI를 활용하면 쉽게 한국어로도 읽을 수 있다. 꼭 구독하기를 추천한다.)

## 2. 석/박사 유학을 고려한다면

TnS와 관련된 기술 정책 중심의 석사 과정을 살펴보자. 특히 석사 프로그램은 1-2년 정도로 짧은 게 많아서 커리어 전환에 효율적이다. 스탠퍼드의 MIP, 하버드 케네디의 MPP, 콜롬비아 SIPA의 MPP 등 다양한 프로그램이 있으며, 한국 졸업생에게 직접 연락하여 현실적인 조언을 얻는 것이 매우 효과적이다. 주로 한국인의 경우 콜드메일에도 호의적으로 대답할 확률이 높다. 또한 자신과 비슷한 배경을 갖고 있다면 어떤 방법으로 유학을 가게 되었는지에 관한 인사이트도 얻을 수 있을 것이다. 석/박사 프로그램 졸업 후 바로 취업할 예정이라면 원하는 기업에 취업한 학생을 많이 배출하는 프로그램을 전략적으로 찾아보는 것도 좋은 방법이다.

▶ **지금 당장 할 수 있는 실천**
- [ ] 관심 있는 해외 석/박사 프로그램 리서치 및 리스트업
- [ ] 원하는 프로그램에 한국인 졸업자 컨택 리스트 만들어 보기(Tip: 이 정보는 링크드인이나 학교에서 생각보다 쉽게 찾을 수 있다.)
- [ ] 학교 교직원과 연락하여 졸업자들이 현재 일하는 곳에 대한 정보 받아보기(Tip: 관심 있는 프로그램 관계자에게 미리 연락해보는 것은 매우 중요하다. 특히 해당 프로그램 출신 졸업생들이 자신이 가고 싶은 분야나 기관에 많이 진출해 있다면, 그것은 곧 본인도 그 길을 따라갈 수 있는 가능성을 보여주는 강력한 지표가 된다.)

## 3. 창업을 고민 중이라면

기획력과 문제의식이 있다면, 지금이 창업의 타이밍이다. AI와 사회적 안전 사이에서 발생하는 문제는 빠르게 늘어나고 있으며, 한국에서 출발해 글로벌 문제 해결을 목표로 한 TnS 분야 창업은 실현 가능성이 매우 높다.

▶ 지금 당장 할 수 있는 실천
- ☐ 온라인 유해 콘텐츠나 AI 안전과 관련해 내가 해결하고 싶은 문제 정리해 보기 (예: 성차별 표현 탐지, AI 챗봇 안전성 테스트)
- ☐ 유사 기업 시장 조사해 보기
- ☐ TSPA와 같은 TnS 커뮤니티 참여하기
- ☐ 네트워크를 확장시켜 문제 의식을 공유하는 동료를 찾기

## 4. 커리어를 떠나 이 분야에 관심과 열정을 이어가고 싶다면

기술 지식이 없더라도, 굳이 이 분야를 커리어로 삼고 싶지 않더라도 충분히 함께할 수 있다. 중요한 건 기술적 역량보다도 배우려는 자세다.

▶ 지금 당장 할 수 있는 실천
- ☐ Platformer, TSPA Now Safe for Work, Everything in Moderation, All tech is human 등 TnS 커뮤니티로부터 공신력 있는 뉴스레터부터 시작하자.
- ☐ 플랫폼의 신고 시스템을 직접 써보며 구조와 한계를 이해해 보고, 플랫폼에 직접적으로 그 피드백을 전달해 보자!
- ☐ 링크드인에서 업계 실무자 팔로우하기
- ☐ TnS 사례 분석을 주제로 블로그, 브런치, 유튜브 연재를 시작해 개인적인 이해도를 높이고 이 분야의 랜선 전문가로 성장하기

지금 어디에 있든, TnS는 당신에게 열려 있다. 중요한 건 지금 이 자리에서 할 수 있는 작은 실천 하나를 찾는 일이다. 바로 오늘 시작해 보자.

# 8장

# 혼자 싸워 이길 순 없다: 공통의 적에 맞서는 글로벌 연대

> "
> 우리는 같은 목표를 향해 나아가는 공동의 항해자들이다.
> "

**들어가는 글**

TnS 분야에서 가장 중요한 원칙 중 하나는 **공동 대응**이다. 위험은 함께 다뤄야 줄어든다. 고립된 대응은 무력하기 때문. 기술과 지식을 공유한다고 해서 경쟁력을 잃는 게 아니다. 오히려 이 AI 시대에서 위해를 효과적으로 막아낼 수 있는 유일한 길은 서로의 경험, 도구, 전략을 연결하는 것이다.
온라인 안전 기술은 이제 특정 기업만의 것이 아니다. Trust and Safety(TnS) 기술의 공유와 실무자 간 협력 없이는 지속가능한 온라인 생태계를 만들 수 없다.

## 1 TnS 기술은 나눌수록 강해진다

TnS 업계에서 자주 언급되는 대표적인 사례가 있다. 바로 스마이트(Smyte)라는 스타트업이다. 이 회사는 온라인 플랫폼에서 흔히 발생하는 스팸, 스캠, 괴롭힘, 가짜 계정을 생성하는 봇, 사기성 행위 등을 막는 기술을 API 형태로 제공했고, 젠데스크(Zendesk), 고펀드미(GoFundMe), 밋업(Meetup) 등 여러 플랫폼이 이 기술에 의존하고 있었다.

그런데 2018년 6월, 스마이트가 트위터(현 X)에 인수되자마자 별다른 예고 없이 서비스가 종료됐다 [60]. 그 결과, 수많은 플랫폼이 하루아침에 핵심 대응 수단을 잃고 자체 솔루션을 급히 개발해야 했다. 당시만 하더라도 플랫폼 간 기술 공유나 협력 구조가 미비했고 이 사례는 바로 그 공백을 드러내 보였다. 이 사건은 TnS 기술이 폐쇄적으로 운영될 때 얼마나 취약한지 보여주었고, 동시에 기술 공유와 협력 구조를 마련하는 것이 왜 이 생태계 전체의 회복탄력성을 높이는 데 필수적인지를 일깨워주는 계기가 되었다.

실제로 오늘 대다수 온라인 플랫폼은 AI가 생성하거나 사용자가 올리는 콘텐츠를 다뤄야 하며, 그 콘텐츠 중 상당수가 유해 가능성을 내포한다. 그런데 각 플랫폼마다 아동 성착취물 탐지기, 가짜뉴스 분류기, 스팸 필터 등을 처음부터 새로 개발해야 한다면, 이것은 명백한 낭비이자 비효율이다. 하나의 모델을 만들기 위해선 방대한 데이터셋, 정확한 라벨링, 정책 기준에 따른 학습 설계, 평가와 보완 등의 복합적인 작업과 투자가 필요하다. 아무리 자원이 풍부한 빅테크 기업이라도 날마다 새로워지는 위해에 대응하는 모델을 모두 자체적으로 만들어 내는 일은 현실적으로 부담이 크다.

새로운 극단주의 조직의 모집 키워드나, 최신 밈 형식의 정치적 허위정보, 변종된 스팸 기법 등은 단일 기업의 데이터나 시야로는 포착하기 어렵다. 이런 위협에 대한 효율적인 대응은 플랫폼 간 정보 공유와 피드백 루프가 작동할 때 더 효율적이다. 한 플랫폼에서 발견한 트렌드는 다른 플랫폼에서도 곧 볼 수 있기 마련이기 때문이다.

유해 콘텐츠의 확산은 결코 한 플랫폼에서 끝나지 않는다. 악의적 행위자들은 콘텐츠를 여러 플랫폼에 나눠 올리거나 포맷을 바꿔가며 확산시킨다. 인스타그램에 올라온 사진은 유튜브 쇼츠로 편집되고, 다시 텍스트 콘텐츠로 바뀌어 다른 플랫폼에 재게시된다. 한 플랫폼이 차단해도 다른 플랫폼이 같은 콘텐츠를 감지하지 못하면 아무런 의미가 없다. 플랫폼 간 대응 역량의 비대칭성은 실제로 악의적 행위자에게 전략적 기회가 되고 사용자 전체에게는 큰 위협이 된다.

이제 실리콘밸리에서도 TnS 기술이 폐쇄적인 기술이 되는 것은 모두에게 손해라는 인식이 자리 잡고 있다. 이런 구조적 협력은 단지 사회적 책임이 아니라, 각 기업이 자신의 핵심 역량에 더 집중할 수 있게 해주는 전략적 선택이기 때문이다.

## 2 / 플랫폼 간 협력과 성과

### 포토DNA(PhotoDNA) - 아동 성착취물(Child Sexual Abuse Material, CSAM) 탐지 기술 [61]

포토DNA는 마이크로소프트와 다트머스 대학이 2009년에 공동 개발한 이미지 해싱(hashing) 기술이다. 이 기술은 이미지를 짧은 숫자 코드로 바꿔, 각 이미지만의 '디지털 지문'을 만들어 낸다. 이 기술의 장점은 특히 원본 이미지에 크기나 색상이 조금 변해도 같은 콘텐츠로 인식할 수 있다는 것이다. 마치 얼굴 인식 기술이 안경을 써도 사람을 알아보듯이, 이미지의 본질적 패턴을 감지해낼 수 있다.

이 기술은 전 세계적으로 널리 쓰이고 있다. 마이크로소프트의 빙(Bing) 서치 플랫폼, 원드라이브(OneDrive)는 물론이고, 구글의 지메일, 레딧 등 다양한 플랫폼이 포토DNA를 통해 아동 성착취 이미지를 걸러내고 있다. 마이크로소프트는 이 기술을 미국 아동 실종 및 착취 방지 센터(National Center for Missing & Exploited Children, NCMEC)와 국제 아동 성착취물 수사에 특화된 비영리조직에도 기부하는 등 기술 공유의 좋은 예를 보여준다. 특히 중소기업이나 단체도 쓸 수 있도록 클라

우드 기반의 서비스를 2015년부터 제공하고 있다.

포토DNA는 플랫폼이 반복적으로 불법 이미지를 직접 검토하지 않게 돕고, 피해 이미지를 본 사람의 수를 최소화함으로써 피해자에 대한 2차 가해도 줄일 수 있다. 포토DNA는 지금까지 수백만 건의 이미지 삭제, 범죄자 검거, 피해 아동 구조에 실제로 활용된 기술이다. 하지만 이 기술의 한계는 이미 존재가 알려진 콘텐츠에만 적용되는 것이라 새로 만들어진 착취물, 특히 AI로 생성된 엄청난 양의 새로운 성착취물 대응에는 아직 한계가 있다.

### ROOST 다중 플랫폼 협업 기반 TnS 오픈소스 플랫폼 [62]

ROOST(Robust Open Online Safety Tools, 이하 ROOST)는 2025년 파리 AI 정상회의에서 발표된 최신 TnS 오픈소스 프로젝트다. 생성형 AI 시대에 증가하는 유해 콘텐츠 문제를 여러 플랫폼이 함께 해결하자는 취지로, 구글, 오픈AI, 로블록스, 디스코드 등 주요 기술 기업이 자본과 기술로 지원하고 있다. 이 프로젝트는 초기 4년간의 운영을 위해 2,700만 달러 이상의 자금을 지원받았다.

ROOST는 콘텐츠 유해 여부를 자동으로 감지하고 분류하여 적절한 대응까지 이어지도록 지원하는 기본 툴킷을 개발하였고, 이 툴킷을 유지하고 파트너 기관에 배포하는 역할을 한다. 이 툴킷은 각 플랫폼이 자사의 정책 기준에 따라 유연하게 조정할 수 있도록 설계되어 있다. 같은 도구라도, 플랫폼마다 어디까지 허용하고 어디서부터 조치할 것인가에 대한 기준이 다르기 때문에, 맞춤형 적용이 가능하도록 구성된 것이 큰 장점이다.

ROOST의 가장 큰 의미는 단지 기술을 제공하는 데 그치지 않고, 온라인 플랫폼 간 협력 문화를 구축한다는 데 있다. 더 많은 기업과 단체들이 이 생태계에 참여할수록, 개별 기업이 감당해야 할 부담은 줄어들고 전체 온라인 공간의 안전 수준은 함께 높아질 수 있다.

## Hasher-matcher-actioner(HMA) - 메타의 테러 및 폭력적 극단주의 콘텐츠 대응 오픈소스 툴 [63]

메타는 2019년 크라이스트처치 콜(Christchurch Call) 이후, 테러와 폭력적 극단주의 콘텐츠에 대응하기 위해 Hasher-Matcher-Actioner(HMA)라는 오픈소스 도구를 개발했다. 크라이스트처치 콜은 뉴질랜드 크라이스트처치에서 발생한 이슬람 사원 총기 테러를 계기로 발표된 국제적 협력 선언으로, 테러리즘 및 폭력적 극단주의 콘텐츠의 온라인 확산을 막기 위해 정부와 기술 기업들이 공동 대응하자는 취지를 담고 있다.

HMA도 해시 기법을 활용한 기술로, 특히 테러 선전물이나 극단주의 콘텐츠처럼 여러 플랫폼에 반복 업로드될 가능성이 높은 이미지나 영상을 신속하게 식별하는 데 강점을 가진다. 메타 내부에서만 사용되던 이 기술은 이후 오픈소스로 공개되어 누구나 자유롭게 활용할 수 있게 되었으며, 현재는 글로벌 인터넷 포럼(GIFCT)의 극단주의 콘텐츠 협업 데이터베이스에도 연동되어 운영되고 있다.

이러한 오픈소스 도구는 자체 탐지 기술을 개발하기 어려운 스타트업이나 중소 규모 플랫폼에게 특히 유용하다. 고도화된 시스템을 새로 만들지 않아도, HMA를 통해 기본적인 유해 콘텐츠 대응 체계를 빠르게 갖출 수 있기 때문이다.

## CoPE(Content Policy Evaluator) 플랫폼 콘텐츠 정책 판단 보조 툴킷 [64]

CoPE(Content Policy Evaluator)는 메타 출신이자, TnS 분야에서 리더로 자리 잡은 데이브 윌너 (Dave Willner)와 사미드 차크라바티

(Samidh Chakrabarti)가 개발한 언어 모델 기반의 콘텐츠 분석 도구다. 사용자가 특정 콘텐츠와 함께 플랫폼의 정책 기준을 입력하면, CoPE는 해당 콘텐츠가 정책을 위반하는지 자동으로 판단해준다. 예를 들어 사용자가 "이 발언이 증오 발언에 해당하는가?"라고 질문하고, 해당 플랫폼의 정책을 함께 입력하면, CoPE는 해당 문장이 정책 기준을 위반하는지 여부를 빠르게 분석해 알려준다. 마치 인턴 정책 분석가가 옆에서 도와주는 듯한 직관적인 방식으로 작동한다. 이 도구는 특히 자원이 부족한 스타트업이나 소규모 플랫폼이 일관되고 효율적인 정책 결정을 내리는 데 매우 유용하다. 현재 Hugging Face에서 데모 버전이 공개되어 있으며, 전체 모델의 상세 사양과 연구 논문은 2025년 중 발표될 예정이다.

### 라마 가드(Llama Guard) [65]

라마 가드는 메타가 개발한 LLM 기반의 안전 필터링 시스템이다. 사람과 AI의 대화 과정에서 발생할 수 있는 유해한 콘텐츠를 사전에 탐지하고 차단하기 위해 설계되었다. 이 시스템은 사용자의 입력(input)과 모델의 출력(output)을 모두 분석해, 잠재적으로 위험하거나 정책을 위반할 수 있는 콘텐츠를 식별하고 걸러낸다. 현재는 여러 언어는 물론 이미지 콘텐츠까지 필터링할 수 있도록 확장되어 있다. 라마 가드는 오픈소스로 공개되어 있고 모델 가중치 또한 함께 제공되어 누구나 자유롭게 활용할 수 있다. 주로 소셜미디어 플랫폼에서 콘텐츠 안전성을 관리하고, 정책 기준에 따라 자동 판단을 내리는 데 사용되고 있다.

이처럼 기술을 공유하고 함께 활용하는 사례들은 단지 소프트웨어나 데이터베이스 하나를 나누는 것을 넘어 글로벌 인터넷 환경의 기본 안전 인프라를 공동으로 구축하는 작업이다. 전 세계 수많은 기업이 이러한 오픈소스 기술을 실제로 활용하면서, 더 안전하고 신뢰할 수 있는 온라인 환경을 만들어 가고 있다. TnS 생태계가 지금처럼 빠르게 발전할 수 있었던 배경에는 각 기업들의 헌신과 기여, 그리고 기술 공유의 중요성을 인식하고 함께 하려는 강한 의지가 있었다.

## 3 / 아직 해결되지 않은 과제

당연히 오픈소스 소프트웨어가 있다고 해서 그것만으로 모든 기업의 TnS 체계를 단번에 구현할 수 있는 것은 아니다. 각 플랫폼은 자사 사용자 층, 특성, 그리고 기업의 철학에 따라 콘텐츠 허용 수준이나 정책의 엄격도를 저마다 다르게 설정해야 한다. 같은 표현이라도 어떤 플랫폼에서는 허용되고, 다른 곳에서는 차단되는 이유가 바로 여기에 있다. 또한, 기술을 오픈소스로 공개하는 것은 협업의 중요한 원칙이지만, 그만큼 오용과 악용의 가능성도 함께 따라온다. 콘텐츠 필터링 알고리즘이나 탐지 기준이 외부에 공개되면, 악의적 행위자들이 이를 회피하거나 우회하는 방법을 연구할 수 있는 기회가 되기도 한다. 오픈소스는 투명성을 높이지만 동시에 새로운 공격 경로(attack vector)로 활용될 가능성도 있기 때문에, 그 관리와 보완 체계 역시 매우 중요하다.

무엇보다 현재의 TnS 오픈소스 생태계는 여전히 미국 중심의 기업과 그들이 설계하고 배포한 기술에 크게 의존하고 있다. 이는 결과적으로 오픈소스 생태계조차도 구조적 불균형과 편향성을 내포할 수 있음을 의미한다. 이 TnS 협력 생태계의 더 나은 발전, 지속가능한 발전을 위해선 한국 기업과 실무자의 참여가 필수적이다.

한국의 경우 기술의 공유나 실무자 간 교류에 있어 폐쇄성이 크다. 한국에서 TnS 업무를 맡고 있는 전문가들이 언론이나 학계, 산업계에 공개적으로 나서 경험을 나누는 일이 비교적 드물다. 기업 간에도 이 업무를 공개적으로 나누기 어려운 분위기이며, 결과적으로 이 분야의 **지식 순환과 역량 축적이 매우 제한적인 것**으로 판단된다. 기술을 공개하더라도, 그 기술이 실제로 어떻게 운영되는지, 어떤 프로세스를 거쳐 판단이 이루어지고, 누가 최종 결정을 내리는지의 운영 경험과 실무적 지식은 쉽사리 외부에 공유되지 않는다.

기술의 공유는 TnS를 위한 첫 걸음일 뿐이다. 그것을 어떻게 해석하고, 어떻게 적용하며, 어떤 문화와 가치에 기반해 운영할지도 함께 고민하는 구조가 만들어진다면 더 지속가능한 TnS 생태계로 동주공제할 수 있을 것이다.

### 커뮤니티 기반 교류

TnS 분야에서 다루는 복잡하고 미묘한 문제들에 대응하기 위해서는 실무자 간의 대면 협력과 커뮤니티 기반의 지속적인 교류가 반드시 필요하다. 기술이 아닌 사람 중심의 대화의 장을 말하는 것이다. 이러한 필요성을 절실히 느낀 실무자 중 한 명이 바로 샬롯 윌너(Charlotte Willner)다. 샬롯은 핀터레스트, 페이스북(현 메타), 드롭박스에서 TnS 조직을 이끌었던 경험을 바탕으로, 2022년 Trust and Safety Professional Association(TSPA), 즉 전 세계 TnS 실무자들을 위한 비영리 단체를 공식 출범시켰다 [66].

TSPA는 교육 자료, 전문 네트워크, 정책 설계에 필요한 리소스를 제공하며 실무자의 전문성과 영향력을 확장할 수 있도록 지원하는 조직이다. 이 단체의 대표 행사인 TrustCon은 매년 수백 명의 TnS 전문가들이 한자리에 모여 유해 콘텐츠의 최신 트렌드, 새로운 공격 벡터, 생성형 AI가 온라인 안전에 미치는 영향, 조직 내 대응 전략 등을 주제로 활발한 논의를 펼치는 자리다. 미국 샌프란시스코에서는 주로 7월, 아시아 태평양 지역은 주로 10월, 유럽/중동 지역은 5월에 오프라인으로 열리고, 약 3일간 진행된다. 일부 세션은 공개로, 일부는 Chatham House Rule(발언자의 신원을 공개하지 않는 원칙)에 따라 운영된다. 참여자들은 각자의 조직에서 마주한 문제와 고민을 솔직하게 공유하며, 실질적인 해결책과 전략을 함께 고민하는 과정을 거친다.

TrustCon에서 얻은 인사이트는 컨퍼런스 이후에도 각자의 조직으로 돌아가 실무에 적용하기도 하며 이듬해 다시 만나 성과를 공유하는 지식의 순환 구조를 만든다. 여기서 형성된 네트워크는 이후에도 긴밀하게 유지되며 새로운 유해 콘텐츠나 공격 방식이 나타났을 때 서로 정보를 주고받을 수 있는 기반이 되기도 한다. 컨퍼런스 현장에는 TnS 스타트업의 부스도 함께 마련되어 있어 기술 협업과 비즈니스 연결의 기회로도 확장된다. 이처럼 TrustCon은 단순한 행사 그 이상으로, TnS 생태계를 사람 중심으로 확장하고 강화하는 중심축 역할을 해내고 있다.

TSPA에서 운영하는 TrustCon이 TnS 전문가의 모임 중 가장 크고 잘 알려진 컨퍼런스지만 그 외에도 다양한 글로벌 협업 및 참여의 기회가 있다.

- UN B-Tech 프로젝트는 인권 기반의 기술 산업 운영을 목표로 한 이니셔티브로, 유엔 인권기구(UN OHCHR)가 지원하는 프로젝트 중 하나이다. 기술 기업이 UN의 비즈니스와 인권 지침(UNGPs)을 실천할 수 있도록 정책적, 실무적 방향을 제시한다. UN B-Tech는 정기적으로 온라인 회의를 주최해 기술 산업의 파트너 간 한 주제를 가지고 자유롭게 대화하고 지식을 공유하는 기회를 마련한다.
- Digital Trust and Safety Partnership(DTSP)는 플랫폼 간 신뢰·안전 기준을 논의하고 모범사례를 공유하는 글로벌 민간 협의체. DTSP도 정기적으로 컨퍼런스나 포럼을 개최한다. 특히 2024년에는 브뤼셀에서 유럽연합의 디지털 서비스법(DSA)에 따

른 위험 평가에 대한 논의를 중심으로, 기업, 시민사회, 학계 전문가들이 함께 의견을 교환하는 자리를 만들었다.
- Stanford Trust and Safety Research Conference는 스탠퍼드 사이버 정책 센터(Cyber Policy Center)가 주최하는 행사로, 매년 컨퍼런스를 열어 학계·산업계·시민사회·정부 전문가들이 TnS 관련 연구와 현실 문제를 교류하는 자리를 마련한다.

이러한 컨퍼런스와 협의체는 실리콘밸리나 미국에만 국한되지 않는다. 온라인 기반 참여도 가능하고, 전 세계에서 활동하는 전문가들이 함께 논의할 수 있도록 열려 있다. 이런 자리에 참석하는 것만으로도 자신의 전문성을 알리고 업계 파트너로서 성장할 수 있는 기회를 만들 수 있다. 한국의 TnS 전문가도 이 흐름에 동참할 수 있는 기회는 충분히 열려 있다는 뜻이다. 지금이야말로 우리가 함께 책임을 나누고, 글로벌 안전의 표준을 함께 만들어갈 수 있는 적기다.

## 4 오픈소스는 답인가? 책임의 딜레마

이 장에서 다룬 **공유와 협력**은 요즘 흔히 말하는 AI 모델의 코드나 가중치, 기술 스펙을 공개하는 오픈소스화를 말하는 것이 아니다. 저자가 말하는 공유와 협력의 의미는, 온라인의 안전이라는 목적을 위해 기술 커뮤니티가 의도적으로 개입하는 구조를 의미한다. 안전 모델의 오픈소스화, 데이터베이스 공유, 커뮤니티를 통한 나눔 등을 통해 협력해야 한다. 물론 그 출발점은 기업의 장단기적 이익일 수 있지만, 그 과정이 공익적인 결과로도 이어진다.

AI 모델의 오픈소스화는 기술 투명성과 협업 가능성을 확대하는 중요한 시도다. 많은 사람이 코드를 볼 수 있다면 여러 사람들이 참여해 모델을 수정하고 개선해 더 빠른 기술 발전에도 도움이 될 수 있고, 다양성을 고려할 수 있다는 가능성도 커진다.

다만, 오픈소스화가 안전이라는 결과에 직결되진 않는다. 특히, 일부 기업은 모델을 공개하면서 "이제 이건 공공 인프라다"라고 주장한다. 그리고 "우리는 도구만 만들었을 뿐, 그걸 어떻게 쓰느냐는 이제 각자의 책임"이라는 입장도 내비친다. 그렇다면, 만일 누군가 이 모델을 활용해 사회에 위해를 끼치는 서비스를 만들었다면 그 책임은 온전히 그 서비스 제공자일까?

저자의 생각은 다르다. AI는 그냥 누군가 독단적으로 만든 결과물이 아니기 때문이다. 우리 모두가 남긴 대화, 댓글, 글, 그림, 목소리, 심지어 농담 한 줄까지, 우리의 모든 디지털 기록을 기반으로 만들어진 결과물이다. 대부분의 경우, 우리는 이 데이터가 AI 훈련에 사용된다는 사실조차 모른다. 하지만 그 모델은 다시 우리 삶에 영향을 미친다. 어떤 사람은 잘못된 정보에 노출되고, 어떤 사람은 차별적인 응답을 받고, 어떤 언어 사용자는 낮은 품질의 서비스를 경험하게 된다.

이런 현실에서 AI를 만든 기업은 단지 기술만 만든 자가 아니다. **사회적 자원을 활용해 사회에 영향을 주는 구조를 설계한 주체다.** 모델을 악용한 사람들에게 책임이 있는 건 당연하다. 그렇다고 해서, 기반모델을 처음 설계하고 배포한 기업에 책임이 덜어지는 것은 아니다.

강력한 기술이 안전하게 작동하려면, 사회 전체가 함께 그 위험을 모니터링하고 피해에 대응할 수 있는 구조를 만들어야 한다. TnS는 많은 이들에게 AI 안전이라는 분야에 들어서는 첫 진입점이 될 수 있다. 더 많은 사람이 이 분야에 관심을 갖고 더 많은 자원과 인재가 유입되어야 한다. 기술을 설계하는 사람만큼, 그 기술이 어떤 해악을 불러올 수 있는지 살피는 사람도 꼭 필요하기 때문이다.

# 9장

# AI 공존의 시대: 안전의 주권, 이제는 우리의 선택

> "
> AI 시대의 안전망은 한 주체만으로는 지속될 수 없다.
> 이젠 기업, 정부, 교육기관, 전문가,
> 그리고 우리 한 사람 한 사람 모두가 안전의 설계에 참여해야만 한다.
> "

## 1 │ TnS: 오늘의 현실 vs. 우리가 나아가야 할 미래

앞서 우리는 Trust and Safety(TnS)가 이미 하나의 산업으로 자리 잡은 실리콘밸리와 샌프란시스코 지역의 사례를 중심으로 살펴봤다. 이 지역에 기반한 기업과 연구기관은 이미 상당한 자원과 인재, 기술 투자를 TnS에 집중하였고, 여러 착오를 거치며 최전선에서 글로벌 온라인 안전을 설계하는 역할을 해 오고 있다. 하지만 그들이 모든 답을 갖고 있는 것은 아니다. 진정한 온라인 안전망은 소수의 경험이나 특정 전문성만으로는 완성될 수 없기 때문이다. TnS가 전 세계적으로 협력하는 구조가 갖춰질 때, 우리는 비로소 AI 시대에 걸맞은 온라인 안전의 미래를 함께 설계할 수 있다.

그런 의미에서, 아직 TnS가 뿌리내리지 못한 곳의 현실을 직시하고 나아가야 할 미래를 함께 그리는 것은 더욱 중요하다. 많은 곳에서 TnS는 여전히 '문제가 생기면 뒷수습하는 부서'로만 인식된다. 유해 콘텐츠가 퍼진 뒤 삭제하거나, 신고가 들어왔을 때 대응하는 것이 주요 역할인 경우가 많다. 그러나 이제는 전환이 필요하다. TnS는 기술 설계 초기부터 참여해, 안전을 선제적으로 내장하는 핵심 전략 부서로 진화해야 한다. 대응이 아닌 예방 중심의 구조를 설계하는 것이야말로 기술에 대한 신뢰를 확보하고, 지속가능한 성장을 가능하게 하는 길이다.

또 하나의 문제는 TnS 정책 결정의 편중이다. 오늘날 대부분의 콘텐츠 정책과 기술적 기준은 기업 내부, 특히 미국에 본사를 둔 플랫폼 중심으로 결정된다. 이들은 자사의 가치관과 정책을 전 세계에 동일하게 적용하는 경우가 많다. 그 결과, 각 지역의 문화와 맥락, 사회적 현실은 정책 결정 과정에서 배제되기 쉽다. 앞으로의 TnS는 특정 기업이 모든 것을 통제하는 구조에서 벗어나야 한다. 기업, 정부, 시민사회가 함께 기준을 만들고 책임을 나누는 공동 설계(co-creation) 구조가 필요하다. 그래야만 정책은 더 유연해지고, 각 지역의 현실을 반영하며 사용자에게도 정당성과 수용성을 가질 수 있다.

무엇보다 우리는 단순히 법적 리스크를 피하기 위한 **소극적 안전 조치**에서 벗어나야 한다. 지금까지 많은 기업은 규제나 벌금을 회피하는 데 초점을 맞추며 최소한의 대응만 해왔다. 그 결과 안전은 '비용'으로만 인식되고, 근본적인 해결은 뒷전으로 밀려났다. 그러나 기술의 안전은 결코 회피 전략으로 접근해서는 안 된다. 그것은 사회 전체가 함께 책임지고 설계해야 할 공공의 가치다. 정부, 교육기관, 전문가, 시민사회, 사용자 모두가 기술의 안전 설계 과정에 실질적으로 참여해야 한다. 그렇게 다중 주체가 함께하는 구조를 만들어갈 때, 우리는 단순한 대응을 넘어, 지속가능하고 신뢰할 수 있는 글로벌 TnS 생태계를 구축할 수 있을 것이다.

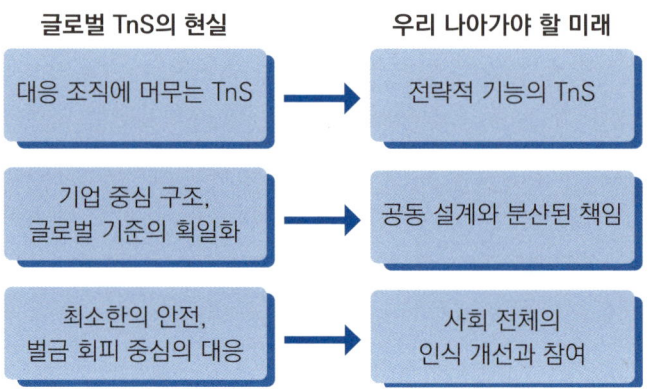

## 2 기업 내 TnS의 위치

오늘날 대부분의 플랫폼 기업에는 어떤 형태로든 TnS 업무를 담당하는 팀이 존재한다. 명칭이나 업무 범위는 다를 수 있지만, 온라인 플랫폼 운영을 위해서 정책을 수립하고 유해 콘텐츠에 대응하는 역할은 이제 선택이 아닌 필수다.

TnS는 기술 오남용, 유해 콘텐츠, 사회적 위해 등 가장 복잡하고 민감한 문제를 다루어 온 전문가 집단이다. 이들은 기술이 사회에 미치는 영향을 누구보다 깊이 이해하며, 그렇기 때문에 안전한 설계와 배포에 핵심적인 인사이트를 제공할 수 있다. TnS는 프로덕트 개발 마지막 단계가 아닌, 설계 초기부터 전략적으로 참여해야 한다. 안전은 나중에 덧붙이는 요소가 아니라 처음부터 함께 만들어야 할 구조라는 사고의 전환이 필요하다. 대응 중심 모델에서 예방 중심 모델로 전환하려면, 조직 차원의 전폭적인 지지가 필수적이다. 특히 TnS는 매우 빠르게 진화하는 분야라는 것을 잊어서는 안 된다. 새로운 기술과 위협에 맞서기 위해서는 지속적인 학습과 성장이 필수다. 기업은 글로벌 컨퍼런스 참여, 외부 강의, 전문 자료 접근 등을 포함한 L&D 프로그램을 통해 이들의 역량을 체계적으로 뒷받침하는 것이 중요하다.

시민사회와 정부는 기업이 내부적으로 TnS를 얼마나 중요하게 여기는지를 판단할 수 있는 지표로 TnS 조직의 위치와 권한을 살펴볼 수 있다. TnS 조직이 프로덕트 조직과 긴밀히 협력하고 전략적인 위치에서 실질적인 영향력을 발휘한다면, 해당 기업은 안전을 핵심 가치로 삼고 있다고 볼 수 있다. 반대로 외곽에 머물며 의사결정에 참여하지 못한다면, 그 기업의 안전 의지는 형식적인 수준에 머물 가능성이 높다. 기업 내에서 TnS가 어떤 위상과 자원을 갖고 활동하는지에 따라, 기술이 사용자 중심으로 설계되는지 여부가 결정된다.

TnS 조직은 기술 기업 내 어디에 배치되어 있는가? 그들에게 얼마나 충분한 권한과 자원이 주어져 있는가? 기술과 윤리를 함께 설계하는 이 전문가 집단이 지속적으로 목소리를 내고, 실질적인 영향력을 발휘할 수 있도록 제도적 뒷받침과 전략적 위상을 확보해야 한다. 그래야만 기업은 기술의 속도에 휩쓸리지 않고, 책임 있는 방향으로 나아갈 수 있을 것이다.

> **추가 설명**
>
> **실리콘밸리 기업의 TnS 조직 설계 [67]**
>
> 실리콘밸리 기업들은 Trust and Safety(TnS) 조직을 설계할 때 주로 두 가지 모델 중 하나를 선택한다: 중앙집중형 모델과 분산형 모델이다.
> 첫째, 중앙집중형 모델은 TnS 팀이 독립된 조직으로서 CEO나 C레벨 리더십에 직접 보고하는 구조다. 많은 대형 플랫폼 기업이 이 모델을 채택해, 정책 수립부터 콘텐츠 조치, Safety by Design까지를 하나의 흐름으로 통합 운영한다. 이 구조는 TnS를 기업의 전략적 중심에 두는 방식이다.

그러나 단점도 있다. TnS가 기업 내 다른 조직과 단절된 '기둥'처럼 보일 수 있으며, 실질적인 협업이 어려워질 수 있다. 또한, 수익을 직접 창출하지 않는 조직으로 여겨져 경기 침체 시에는 비용 절감 대상으로 취급받아 예산 삭감이나 구조조정의 우선순위에 놓일 위험이 있다.

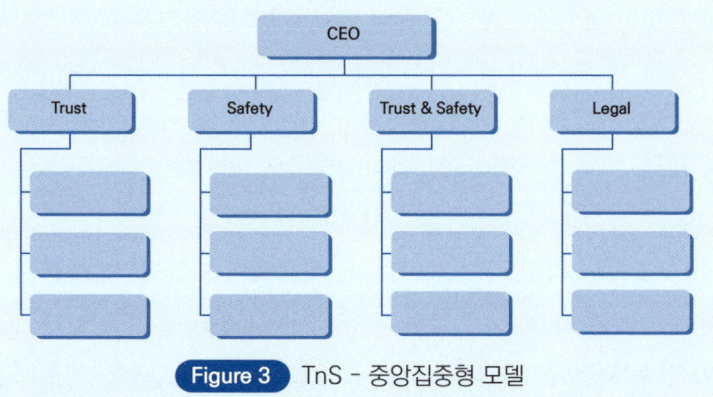

**Figure 3** TnS - 중앙집중형 모델

둘째, 분산형 모델은 TnS 인력을 각 프로덕트 조직에 배치하는 방식이다. 예를 들어, 한 기업에 e커머스, 커뮤니케이션, 모빌리티 등의 사업부가 있다면, 각 부서에 별도의 TnS 담당자가 존재하는 식이다. 이 모델은 TnS가 각 조직의 업무 흐름과 밀접하게 연계되며, 현장의 맥락을 반영한 안전 조치를 설계할 수 있다는 장점이 있다. 하지만 단점도 명확하다. 기업 전반의 정책 일관성을 유지하기 어렵고, 각 팀이 수익성과 성장 중심의 KPI를 우선시할 경우 사용자 보호는 상대적으로 뒷전으로 밀릴 수 있다.

TnS의 보고 체계는 기업이 사용자 안전을 어떻게 인식하고 있는지를 보여주는 직관적인 지표다. 누구에게 보고하느냐에 따라 팀의 위상과 전략적 영향력은 크게 달라진다.
- CEO(최고경영자)에게 직접 보고하는 구조라면, 사용자 보호가 조직의 핵심 가치이거나 경영진의 최우선 과제로 인식되고 있을 가능성이 높다.

- COO(최고운영책임자)에게 보고하는 구조는 TnS가 운영 효율성과 연결된 역할을 수행하는 경우로, 수익성과 충돌할 때 전략적 우선순위에서 밀릴 위험이 있다.
- CLO(최고법무책임자) 산하에 있을 경우, TnS는 법적 리스크 관리나 규제 대응에 집중하게 되며, 프로덕트 초기 설계 단계에서의 선제적 개입은 제한될 수 있다.

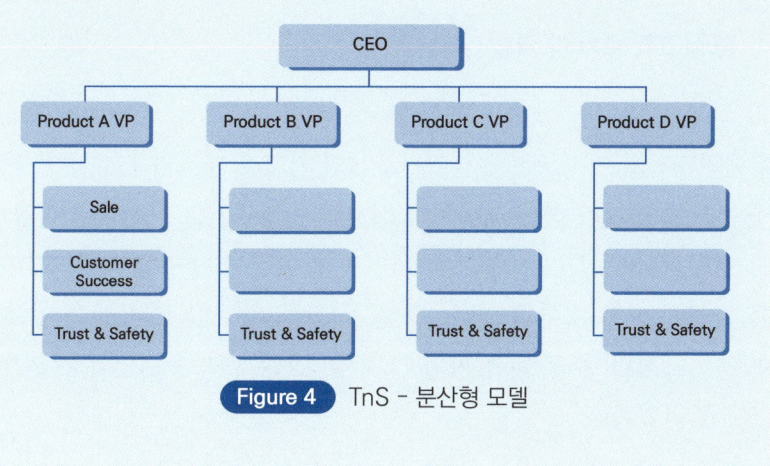

Figure 4  TnS - 분산형 모델

## 3. 정부는 규제자 역할을 넘어, 기술과 사회를 연결하는 파트너로

　기업의 역할은 물론 중요하다. 하지만 생성형 AI와 온라인 플랫폼은 이미 특정 기업의 울타리를 넘어 사회 전체에 영향을 미치고 있으며, 어느 하나의 주체만으로는 감당할 수 없는 것이 현실이다. 기술만의 대응으로는 해결될 수 없다. 유해 콘텐츠의 문제는 앞서 살펴본 것처럼 사회적, 정치적, 문화적 대응이 수반되어야 하기 때문이다. 각기 다른 시선과 전문성이 함께할 때, 우리는 더 빠르고 정교하게 새로운 위험을 감지하고 대응할 수 있다. 온라인 플랫폼이 일방적으로 규칙을 정하는 방식이 아닌, 사용자와 사회 전체가 함께 만들어가는 과정이 필수적이다 [68]. AI와 기술 변화 속에서 단지 법으로 규제하고 사후에 처벌하는 방식만으로는 기술이 초래하는 위해를 충분히 막기 어렵다. 이제는 정부가 기술의 흐름 한가운데서, 기업과 사회와 함께 안전을 설계하는 파트너로서의 새로운 역할을 모색할 시점이다.

### 연결고리로서의 역할

정부는 디지털 안전을 위한 거버넌스를 구축하는 데 있어 다양한 이해관계자를 이어주는 연결고리로서의 역할로 재정의해야 한다. 정부가 이 흐름을 견인하는 리더이자 신뢰받는 협력자로 나선다면 한국 사회 전체의 기술 TnS 기반 또한 더욱 단단해질 수밖에 없다. 특히 다음 세 가지 축에서 정부의 역할은 더욱 중요해지고 있다. 바로, 기술기업과 시민사회의 연결, 기술 기업 간 연결, 그리고 국내 기업과 전문가의 글로벌 연계이다.

#### ① 기술기업과 시민사회 연결

우선 기술 기업의 프로덕트 설계 단계에서 시민사회가 적극적으로 참여할 수 있도록 독려하는 방법을 고려해 볼 수 있다. 예를 들면 시민과 기술기업 사이의 정기적 소통 채널을 마련해, 기업의 프로덕트 설계 단계에서 인권, 청소년 보호, 사회적 약자 관점이 반영될 수 있도록 제도적으로 공식화 하는 것을 뜻한다. TnS 간담회나 공동 안전 가이드라인 개발 프로그램을 통해 시민사회가 플랫폼과 기술 설계 단계에서 그들의 목소리를 낼 수 있도록 구조화할 수 있다.

### ② 기술기업 간 연결

앞서 8장에서 다룬 내용과 같이, TnS 기술의 공유와 기업 실무자 간 협업은 중복된 리스크 대응, 비효율적 투자 등의 한계를 넘을 수 있다. 정부는 플랫폼 기업 간 TnS 협업 생태계를 독려해야 한다. 산학과 협력한 오픈소스 기반 TnS 기술 컨소시엄(예를 들면 ROOST)이나 오픈라운드 테이블을 통해 기업들이 평소 터부시하는 TnS와 관련된 이슈를 조금 더 편하게 공유하고 협력하는 장이 필요하다. 앞서 소개한 여러 글로벌 컨퍼런스도 의미있지만, 국내 TnS 전문가만을 위한 논의의 장을 지원하는 것도 큰 의미가 있을 것이다. 이를 통해 한국 기업의 전반적인 온라인 위해 대응 역량이 상향 표준화되는 것을 기대해 볼 수 있다.

### ③ 글로벌 연계

또한, 정부는 국내 기업과 전문가가 글로벌 TnS 생태계에 참여하는 것을 지원하는 방안을 고려해 볼 수 있다. 글로벌 TnS 정책 교류 세션이나, 해외 TnS 컨퍼런스 참가 지원, 한국과 글로벌 기술 기업 TnS 실무자가 공동 발표 의제를 발굴할 수 있도록 지원하는 등. 국내 인재들이 글로벌 TnS 생태계에서 활발히 활동할 수 있도록 제도적 기반을 마련하는 것을 뜻한다.

## 창업가와 청년 인재를 위한 TnS 진입 지원

창업가와 청년 인재들이 TnS 분야에 진입할 수 있도록 문을 여는 일 또한 정부가 담당해야 할 중요한 역할이다. TnS는 기술, 정책, 윤리를 함께 다루는 복합 분야로, 아직 충분히 개척되지 않은 기회들이 남아 있다. 정부는 대학, 연구기관과 연계해 TnS 특화 교육과정을 신설하거나, 장학금, 리서치 펀딩 제도를 도입해 인재 양성을 지원할 수 있다. 아울러, 기업에 TnS 인턴 프로그램을 재정적으로 지원하거나, 글로벌 산업체와 협업할 수 있는 국제 교류 기회를 확대하는 것도 한국 인재의 실질적인 글로벌 무대 진입 경로가 될 수 있다.

특히 청소년 안전, 생성형 AI 콘텐츠 감지 시스템, 다국어 정책 자동화 등은 기술과 사회적 가치를 모두 아우르고 여전히 혁신 여지가 큰 분야다. 이러한 영역에서 한국의 스타트업이 도전할 수 있도록, 기존 창업 지원 프로그램에 TnS 트랙을 추가하거나, TnS 엑셀러레이터를 따로 신설하는 것도 고려해 볼 만하다. 이때 단기적 창업 성과에만 초점을 맞추기보다, AI 시대의 안전과 책임을 설계할 리더를 육성한다는 장기적 관점에서 지표와 목표가 전략적으로 설계되어야 한다.

### 해외 온라인 플랫폼에 대한 접근 방식 제고

규제는 물론 필요하지만, 유해 콘텐츠 문제는 벌금과 차단 중심의 규제 강화만으로는 근본적인 해결이 어렵다. 특히 한국에 지사가 없는 글로벌 플랫폼의 경우, 한국 정부와의 직접적인 소통 창구조차 없는 사례가 많고, 소규모 해외 스타트업의 경우에는 정부와 협력할 인력이나 정책 대응 역량 자체가 부족한 경우도 있다. 이런 상황에서 일방적인 규제만 강화된다면, 그 부작용은 고스란히 한국 사용자에게 돌아갈 수 있다. 기술 접근이 차단되거나, 규제를 우회하려는 비공식적 경로가 증가할 수 있다. 따라서 정부는 규제자를 넘어, 협력 파트너로서의 접근 방식도 함께 고려할 필요가 있다. 예를 들면, 한국의 언어와 문화, 사회적 맥락을 깊이 이해하고, 이를 글로벌 기술 거버넌스와 유해 콘텐츠 대응에 적용할 수 있는 전문가를 양성하고 파견하는 것이다. 이들은 기술적 이해와 안전 설계에 대한 전문성을 갖춘 '디지털 앰배서더'로서, 글로벌 플랫폼, AI 연구소, 국제 AI 기술 협의체 등에서 한국의 정책 철학과 현실을 설득력 있게 전달하는 다리 역할을 수행할 수 있다. 창의적이고 능동적인 접근 방식을 통해 해외 플랫폼과의 협력 가능성을 넓히고 우리 사회의 디지털 안전 수준을 실질적으로 끌어올릴 수 있는 전략을 모색해야 한다.

## 4  교육기관 그리고 사용자의 역할

### 인재 발굴과 양성의 핵심 주체, 교육기관의 중요성

학교와 교육기관은 온라인 안전과 TnS 생태계의 미래를 책임질 인재를 길러내는 공간이다. 대학에서는 TnS에 관심 있는 학생들이 재학 중 실질적인 경험과 전문성을 쌓을 수 있도록, 정규 수업, 단기 워크숍, 기업 연계형 프로젝트 등 다양한 교육 기회를 설계할 수 있다.

예를 들어, 스탠퍼드 대학교에서는 공과대학과 정책대학원이 각각 TnS 관련 수업을 운영하며, 두 전공 분야 학생들이 한 팀을 이루어 협업하는 프로젝트 기반 수업을 제공하였다 [69]. 공과대학은 기술 중심의 'TnS 엔지니어링' 수업을, 정책대학원은 사회적 영향과 규제 관점을 다루는 '온라인 오용의 정치' 수업을 각각 운영했다. 정책 전공자들은 온라인 플랫폼에서 해결해야 할 문제를 정의하고, 이를 위한 정책적 접근을 설계하며, 그 사회적 영향과 부작용까지 분석한다. 기술 전공생들은 이 정책을 실제 구현할 수 있는 AI 모델이나 기술적 솔루션을 개발한다. 이 과정을 통해 학생들은 기술적으로 해결할 수 없는 영역과 AI의 한계가 안전에 미치는 영향을 함께 토론하며, 정책과 기술의 협업 경험을 쌓게 된다. 프로젝트의 일환으로 실제 플랫폼 기업의 TnS 실무자를 초청해 발표와 피드백 세션을 진행하고, 이 과정이 채용으로 이어지기도 한다. 교육과 산업 현장을 연결하는 실천적 교육모델인 셈이다. 또한, 스탠퍼드에서는 TnS 교육 컨소시엄을 구성해, 다양한 대상을 위한 교육 콘텐츠를 개발하고 공유하는 활동도 진행한다. 한국 교육 기관에서도 충분히 그 콘텐츠를 활용해 볼 수 있다 [70].

TnS는 컴퓨터 공학, 언론정보학, 법학, 교육학 등 다양한 전공이 교차하는 융합 분야다. AI 기술이 초래할 수 있는 위해를 기술적인 관점에서는 물론, 사회적·정치적·문화적 시선으로도 분석할 수 있는 인재가 필요하다. 기술이 사람과 공동체를 어떻게 해칠 수 있는지를 이해하고, 그 위험을 설계 단계에서 예방할 수 있는 창의성과 직관을 갖춘 전문가가 요구되는 시대에서, 학교는 바로 이러한 인재를 길러내는 출발점이 되어야 한다.

### 사용자도 핵심 안전 설계자다

우리가 어디에 속해 있든, 우리 모두는 사회를 구성하는 개인으로서 역할과 책임을 가진다. 지금 이 순간에도 수많은 사람들이 온라인에서 뉴스를 보고, 콘텐츠를 만들고, 누군가와 대화하고 있다. 그만큼 인터넷을 사용하는 모든 사람은 디지털 환경의 공동 설계자다.

눈살이 찌푸려지는 콘텐츠를 신고하는 것부터, 플랫폼에 피드백을 보내고, 실제 정책 설계 과정에 참여하는 것까지. 모든 단계가 TnS의 일부다. 사용자 한 명의 목소리는 시스템을 바꾸는 계기가 될 수 있다. 개발 초기 단계에 시민사회의 목소리가 적극적으로 반영될 때, 개발자들은 더 의미 있는 방향으로 기술을 설계하게 될 것이다. 사용자는 단순한 소비자가 아니라, 안전을 함께 만들어가는 공동 생산자가 될 수 있다. 또한, 엔젤 투자자라면 TnS 기술과 솔루션에 투자함으로써 더 안전한 기술 생태계에 자본을 연결할 수 있다. 지금은 단지 AI 기술 발전에만 투자하는 시대가 아니다. 우리는 더 안전하고 책임 있는 AI를 만드는 그 길에 투자해야 한다.

TnS는 기업만의 책임도, 특정 전문가만의 영역도 아니다. 한 주체를 비판하는 것만으로는 아무것도 바뀌지 않는다. 시스템을 바꾸기 위해선 직접 참여하고, 개선을 제안하며, 설계에 개입해야 한다. **많은 사람들이 간과하는 가장 중요한 사실은 이것이다: 기술은 결국 사람의 손에 의해 만들어진다는 것이다.**

## 5 당신의 선택은?

이제 TnS는 더 이상 기술의 뒷단에서 문제를 수습하는 부서가 아니라, 기술의 앞단에서 방향을 잡는 핵심적인 역할이 되어야 한다. 기술을 설계하는 순간부터 "이게 누구에게 어떤 영향을 줄까"를 묻는 사람들, 바로 정책 전문가, 시민사회, 공공기관, 그리고 사용자 자신까지, 모두의 목소리가 함께 들어 가야 한다. 그래야 책임도, 권한도 한 곳에 쏠리지 않고 자연스럽게 나뉘게 된다. 안전은 우리가 함께 만들어가는 공동의 구조다. 기업이 기술의 윤곽을 그리고, 시민이 그 선을 다듬고, 정부가 그 경계를 공정하게 세워가는 과정. 그렇게 우리가 조금씩 나누어 그려낸 설계가 AI 시대의 안전을 가장 단단하게 지켜줄 수 있는 기반이 될 것이다.

AI와 온라인 플랫폼이 마치 전기처럼 일상 깊숙이 들어온 지금, 더 많은 사람과 조직이 목소리를 내고 기준을 세우지 않는다면 안전의 공백은 결국 더 큰 권력과 자본을 가진 소수의 손 안에 머물 것이다. 하지만 우리는 이 흐름에 주도적으로 참여할 수 있는 역량과 조건을 이미 갖추고 있다. 고도로 디지털화된 사회, 민첩한 스타트업 환경, 세계적 수준의 기술 인재, 그리고 기술의 사회적 의미를 예민하게 감지해 내는 시민 감수성까지. 그저 수동적인 소비자에 머무를 이유가 없다.

오늘도 유튜브 알고리즘은 "AI로 돈 버는 법", "AI로 업무 생산성 높이는 법" 같은 질문으로 넘쳐난다. 물론 이런 질문도 중요하다. 하지만 지금 우리가 더 먼저 던져야 할 질문은 따로 있다.

　AI 시대, 우리의 안전은 누가 책임져야 하는가? 그 질문의 답은 **지금 이 시대를 살아가는 우리 모두이다.**

## 맺음말: 곧 마주할 또 다른 터뷸런스에 대비하며

　이 책은 AI 기술의 발전이 불러온 콘텐츠의 위해성과 최전선에서 이에 맞서 싸우는 Trust and Safety 산업의 중요성을 다뤘다. 특히 생성형 AI의 등장은 콘텐츠의 생산과 확산 속도를 폭발적으로 끌어올렸고, 그에 따라 유해 콘텐츠의 스케일 또한 전례 없이 커졌다. 그러나 AI의 잠재력은 단지 콘텐츠를 생성하는 데 그치지 않는다. 그것은 시작일 뿐이다.

　AI는 이미 콘텐츠 생성은 물론, 사람의 구체적인 지시 없이도 스스로 목표를 설정하고 계획을 실행하며, 그 과정에서 필요한 판단과 행동까지 자율적으로 수행하는 단계로 진화하고 있다. 현재 상용화된 AI 에이전트는 간단한 명령만으로 오프라인 식당을 예약하거나 클라이언트와의 일정을 조율할 수 있다. 이는 에이전틱 AI 시대가 도래했음을 보여주는 사례로, 오늘 우리는 단순한 작업이나 디지털 콘텐츠 제작을 넘어 복잡하고 전략적인 오프라인 과제까지 AI에 위임하는 흐름 속으로 이미 들어섰다.

　일부 기술 기업의 CEO는 2030년 이전에 AGI(Artificial General Intelligence), 즉 인간 수준의 범용 지능을 가진 AI가 실현될 가능성을 공개적으로 언급했다. 그 후에는 인간의 지능을 초월하는 ASI(Artificial Super Intelligence), 즉 창의력, 감정 이해, 과학적 추론 능력을 갖춘 인공지능이 등장할 수 있다는 기대도 논의되고 있다.

　이처럼 미래는 여전히 불확실하지만, 두 가지 분명한 사실이 있다. 우리는 이미 기술 경쟁이 안전에 대한 고민보다 앞서는 시대에 진입했다는 것, 그리고 더 큰 터뷸런스가 아직 우리 앞에 기다리고 있다는 점이다.

　오늘날 AX시대의 기업은 수익성과 경쟁력 확보를 위해 AI를 개발하고 운영에 접목시킨다. 정부는 국가적 이익과 전략적 우위를 위해 AI에 투자하고, 사람들은 개인적 편의와 효율성을 위해 AI 서비스를 사용한다.

그리고 악의적인 목적을 지닌 자들 역시 자신들의 목적 달성을 위해 AI를 활용하고 있다. 놀라운 속도로 발전하는 기술 앞에서 우리가 대비 없이 머물러 있다면, 앞으로 만날 터뷸런스는 지금보다 훨씬 더 거세고 위험할 것이다. 사회 전반의 기준과 규범은 무너지고, 혼란과 불신, 파괴적 영향이 걷잡을 수 없이 확산될 수 있다는 것이다. 하지만 이토록 다양한 이해관계가 충돌하고 엇갈리는 현실 속에서, 공포와 회피만으로는 절대 아무것도 바꿀 수 없다. 기술의 미래를 남에게 맡겨두고서 안전을 기대할 수는 없다. 우리 모두가 안전한 설계의 주체가 되어야 한다.

여러 책들은 미래 세대를 위해 행동할 것을 촉구한다. 하지만 이 책이 요구하는 실천 타임라인은 조금 더 앞당겨져 있다. AI의 문제는 먼 미래가 아니라, 몇 년 안에 바로 나 자신에게 닥칠 문제이기 때문이다. 나 자신, 내 가족, 내가 사는 공동체를 위해 지금 맞서야 하는 현실적인 과제이다. **AI의 신뢰성과 안전 문제에 대해 고민하는 일이 너무 이상적으로 들린다면, 더 솔직해져도 좋다. 이 분야에 참여하는 것은 이타적 동기가 아닌, 나를 위한 이기적 선택이어도 충분히 정당하다.**

앞서 머리말에서 언급했던 몽골에서 겪었던 공해 문제를 떠올려보면, 처음엔 가장 취약한 이들이 먼저 고통받는 듯 했지만 결국 모두가 같은 공기를 마시게 되었다. 누군가는 더 먼저, 더 깊게 피해를 보지만, 피해로부터 완전히 자유로운 사람은 없다. 기술도 마찬가지다. AI는 이제 보이지 않는 공기처럼 우리의 삶 깊숙이 스며들고 있다. 그 공기가 얼마나 오염될지는 각 개인이 기술의 방향 설계에 얼마나 주체적으로 참여하느냐에 달려 있다. 기술 발전이 소수의 손에서만 이뤄지지 않도록, 방향을 잃지 않도록 하려면 안전은 모두가 함께 설계하고 책임지는 구조로 발전해야 한다.

이 책을 덮는 지금, 당신은 어떤 선택을 할 것인가? 당신은 AI 세상에서 안전의 주권을 잡겠는가?

# 참고자료

이 QR코드를 스캔하면
"AX 터뷸런스: AI 대전환기 가짜와 분열 속 질서를 설계하는 TRUST AND SAFETY"의 참고자료를 열람할 수 있습니다

AX 터뷸런스: AI 대전환기 가짜와 분열 속 질서를 설계하는
TRUST AND SAFETY

| | |
|---|---|
| 초판발행 | 2025년 10월 17일 |
| 지은이 | 전수민 |
| 펴낸이 | 안종만·안상준 |
| 편 집 | 탁종민 |
| 기획/마케팅 | 김민규 |
| 표지디자인 | BEN STORY |
| 제 작 | 고철민·김원표 |
| 펴낸곳 | (주) **박영사** |
| | 서울특별시 금천구 가산디지털2로 53, 210호(가산동, 한라시그마밸리) |
| | 등록 1959.3.11. 제300-1959-1호(倫) |
| 전 화 | 02)733-6771 |
| f a x | 02)736-4818 |
| e-mail | pys@pybook.co.kr |
| homepage | www.pybook.co.kr |
| ISBN | 979-11-303-2393-0   03500 |

copyright©전수민, 2025, Printed in Korea

*파본은 구입하신 곳에서 교환해 드립니다. 본서의 무단복제행위를 금합니다.

정 가    17,000원